北京大学附属小学智能机器人系列校本教材

神奇的单片机

尹 超　何立新　编著

图书在版编目(CIP)数据

神奇的单片机/尹超,何立新编著. —北京：北京大学出版社,
2014.4
(北京大学附属小学智能机器人系列校本教材)
ISBN 978-7-301-24149-3

Ⅰ.①神… Ⅱ.①尹… ②何… Ⅲ.①单片微型计算机－小学－教材 Ⅳ.①G624.581

中国版本图书馆 CIP 数据核字(2014)第 074265 号

书　　　名：神奇的单片机
著作责任者：尹　超　何立新　编著
责 任 编 辑：王　华
标 准 书 号：ISBN 978-7-301-24149-3/ TP · 1330
出 版 发 行：北京大学出版社
地　　　址：北京市海淀区成府路 205 号　100871
网　　　址：http://www.pup.cn　新浪官方微博：@北京大学出版社
电 子 信 箱：zpup@pup.cn
电　　　话：邮购部 62752015　发行部 62750672　编辑部 62765014
　　　　　　 出版部 62754962
印 刷 者：北京大学印刷厂
经 销 者：新华书店
　　　　　　 880 毫米×1230 毫米　A5　4.25 印张　120 千字
　　　　　　 2014 年 4 月第 1 版　2014 年 4 月第 1 次印刷
定　　　价：16.00 元

未经许可,不得以任何方式复制或抄袭本书之部分或全部内容。
版权所有,侵权必究
举报电话：010-62752024　电子信箱：fd@pup.pku.edu.cn

序　　言

　　北大附小智能机器人系列校本教材第二本《神奇的单片机》终于出版发行了,真是可喜可贺!几年来,在老师们的潜心钻研和努力实践下,孩子们终于有了属于自己的"单片机"教材。单片机作为中小学信息技术教育领域新载体的出现,不仅为新课程的实施开辟了宽敞的空间,而且为培养学生的创新能力、提高课堂实效性、全面实施素质教育提供了一片新的沃土,使信息技术教育更全面地体现了信息技术的内涵。新的单片机教学必将给信息技术课程增添新的活力,为培养中小学生综合能力、信息素养提供更好的平台。

　　《神奇的单片机》一书主要介绍了 DP-801 型单片机的使用及扩展情况。DP-801 型单片机是小学生最容易学习、掌握的单片机之一。通过学习,学生可以学会控制彩灯的闪动、亮灭、颜色,奏出美妙的音乐,模拟制作计算器、小闹钟、抢答器、音乐键盘、密码锁、电风扇等实验。这些实验都是从生活经验出发的,既能使学生得到充分的锻炼,也能让学生在自己熟悉的情境中知道什么是智能控制,认识到智能控制可以广泛应用于生活中的各个领域,为学生以后走向社会提供很好的实践机会。

　　我校从 2008 年开展单片机活动以来已经 6 年多了,每年都会有很多同学加入到单片机小组活动中来。单片机小组一共有 3 个班,分别为基础编程班、编程控制班和高级控制班。基础编程班主要讲解 DP-801 型单片机的基础指令,并在实验板上做基础实验;编程控制班主要讲解 DP-801 型单片机的扩展,包括控制彩

灯板、数码管、马达驱动板、电机及I/O接口能控制的外设；高级控制班主要讲单片机在生活中的应用。学生根据自己的需要进行创作，如画电路图、焊接需要的电路板等，为创作自己的作品做准备。通过小组的分班，学校逐步形成了单片机兴趣队员的梯队建设，在这里，他们的想象力、创造力得到了极大的发展和提升，每周2小时的活动时间也给予了他们广阔的实践舞台。6年多来，学校的单片机教学活动硕果累累：学生们曾获得全国单片机比赛一等奖、多次获得北京市创新大赛一等奖、北京市单片机比赛一等奖、海淀区单片机比赛一等奖等。

　　本书的撰写得到了学校信息组和科学组教师的大力支持。特别是李岩、任辉、李颖、于锡环、刘月华老师，他们边教学边摸索，不断把实践积累下来，并付诸于文字，形成了本书的初稿。李岩老师，更是全程跟踪，参与了本书稿的策划、编写、审校工作。在此一并对他们表示感谢！

　　我校的单片机教学活动已经积累了一些经验，我们更希望单片机项目作为培养学生创新能力的重要途径，在更多学生中普及开展，同时能与其他兄弟学校共同分享和交流。

　　衷心祝愿孩子们在北大附小健康、快乐成长！

尹　超
2014年4月2日

目　　录

第 1 课　初识 DP-801 型单片机 …………………（1）
第 2 课　点亮彩灯 …………………………………（9）
第 3 课　闪动发光二极管 …………………………（23）
第 4 课　小小演奏家 ………………………………（30）
第 5 课　会说话的信号灯 …………………………（38）
第 6 课　加减法运算器 ……………………………（46）
第 7 课　趣味小闹钟 ………………………………（55）
第 8 课　音乐彩灯 …………………………………（61）
第 9 课　神奇的接口 ………………………………（69）
第 10 课　电灯开关 …………………………………（75）
第 11 课　制作抢答器 ………………………………（88）
第 12 课　电子琴盘 …………………………………（98）
第 13 课　神奇密码锁 ………………………………（103）
第 14 课　我的电风扇 ………………………………（112）
第 15 课　三色彩灯 …………………………………（119）
第 16 课　数码管显示 ………………………………（125）

第 1 课　初识 DP-801 型单片机

单片机又称单片微控制器,它不是完成某一个逻辑功能的芯片,而是把一个计算机系统集成到一个芯片上。概括地讲,一块芯片就成了一台计算机。它的体积小、质量轻、价格便宜,为学习、应用和开发提供了便利条件。同时,学习使用单片机是了解计算机原理与结构的最佳选择。单片机的使用领域已十分广泛,如智能仪表、实时工控、通信设备、导航系统、家用电器等。DP-801 型单片机是专为中小学生学习单片机设计的一款实验机,在硬件方面集中央处理器、存储、输入、输出于一体,能实现定时控制和闭环控制。在软件方面采用宏指令系统,该系统包含 17 条指令,简单易学。下面就初步认识一下 DP-801 型单片机。

【挑战任务】

　　初步了解 DP-801 型单片机的硬件系统,认识 AT89C2051 芯片、24C02 存储器、输入、输出等部件。

【实验器材】

　　实验器材:DP-801 型单片机的主机板。

【一起学】

1. DP-801型单片机的硬件结构

DP-801型单片机的主机板由数码管、6个发光二极管、AT89C2051芯片、24C02芯片、5个按键、针座等部件组成,硬件结构如图1.1所示。

图1.1 DP-801型单片机的主机板硬件结构图

2. 数据的表示

利用 DP-801 型单片机处理的信息全部用两位的十进制数表示,并可以通过数码管显示出来,数据通常有两种表现形式:① 带点数:表示存储单元的地址。存储器芯片 24C02,用来保存用户编写的程序,共 256 个存储单元,每个存储单元都有唯一的地址,地址的范围是 0.0.～9.9.。② 不带点数:表示程序指令代码。

两种数据的关系如图 1.2 所示,例如地址为 0.0. 的存储单元中存放的数据为 00。

0.0.	0.1	0.2.	0.3.	0.4.	0.5.	0.6.	0.7.	0.8.
00	03	02	04	01	01	03	15	…

图 1.2　带点数与不带点数的关系

注：实际上地址与程序代码在存储器内部的表示形式是一样的，只是为了更便于区分它们，因此在数码管上设计了两个点，当显示带点数时，表示存储单元地址，不带点数为此存储单元中存放的指令代码。

3. 接通电源

DP-801 型单片机能够承受的电压不超过 5V，给 DP-801 型单片机供电的方式有两种：

（1）使用直流电源。

DP-801 型单片机配置了一个电池盒，内置 3 节 5 号电池，允许电源电压 3～5V。使用时，将电源插头插在单片机电源插座上，电源插座中间为正极，如图 1.3 所示。打开电池盒开关，数码管显示"00"，表示单片机可以正常工作。

（2）使用交流电源。

DP-801 型单片机还可以配置直接使用交流电的电源插座（内置一个变压器，可将 220V 交流电变成 3～12V 的直流电输出），将输出电压调到 3V 或 4.5V 档，然后插在单片机电源插座上，如图 1.4 所示。接通电源，数码管显示"00"，表示单片机可以正常工作。

 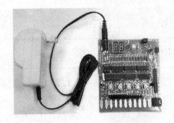

图1.3 接直流电源　　　　图1.4 接交流电源

4. 在指定的存储单元中读写数据

读写数据需要用到单片机的输入设备,即下面这5个按键:

RES键又称复位键,按下此键,数码管显示"00",此时,单片机回复到初始状态。

+1键,按一下此键,数码管上的数将从低位(指右侧数码管)开始加1。

−1键,按一下此键,数码管上的数将从低位开始减1。

D/A键又称数据地址键,按下此键不松手,数码管显示存储单元地址;释放此键,数码管显示该存储单元里存放的指令代码;与+1键或−1键搭配使用则可以修改地址。

WRI键又称写入键,按下此键不松手,可将当前数码管上显示的数据写入存储器,同时显示下一个存储单元的地址;释放此键,则显示下一个存储单元中存放的指令代码。

5．任务实验

实验1.1 读取地址号为0.5.的存储单元中的数据。

操作步骤如下:

(1) 第一次按下D/A键不松手,数码管显示的存储单元地址为0.1.。

(2) 连按+1键,将地址号调整为0.5.。

(3) 释放D/A键,数码管上显示的就是地址为0.5.的存储单元中的数据。

实验1.2 在地址号为0.8.的存储单元中写入数据00。

操作步骤如下:

(1) 按下D/A键不松手,将地址号调整为0.8.,然后释放D/A键,此时数码管上显示的是0.8.这个存储单元中的数据。

(2) 利用+1键或-1键,将数码管上的数据修改为00。

(3) 按一下WRI键,数据00被写入此存储单元,同时数码管上显示出下一个存储单元0.9.中的数据。

实验1.3 运行单片机89C2051中的固化程序。

按下D/A键不松手,将存储单元地址号调整为

0.0.,同时按下 WRI 键,喇叭中便传出音乐来。这样的演示程序有 5 个:"00"号是奏乐程序;"01"号是小水塔控制程序;"02"号是秒表程序;"03"号是让发光二极管闪动程序;"04"号是模拟展览馆大门控制程序。

【尝试探索】

如何快速地调整数码管上的显示数据?尝试长按+1键,观察数码管有什么变化。

【展示、交流与评价】

评价项目 \ 等级	★★★★★	★★★★	★★★	★★
程序编写				
知识运用				
实验成果				

【拓展练习】

1. 填空。

(1) DP-801 型单片机的存储器是____,有____个存储单元,每个存储单元都有唯一的地址号,地址号的范围是____。

(2) DP-801 型单片机能够处理的数据是____进制数。

(3) DP-801 型单片机上有____个按键,相当于____(输入、输出)设备。

(4) 为了区分地址号与存储数据,通常地址号用_____数据表示。

2. 读取下面几个存储单元中存放的数据并写在横线上。

   0.0. _____; 0.1. _____;
   0.2. _____; 0.9. _____;
   1.5. _____; 1.0. _____;
   3.0. _____; 9.5. _____。

3. 在下面几个存储单元中写入相应的数据。

0.0.	0.1.	0.2.	0.3.	0.4.	0.5.	0.6.	0.7.
00	04	02	05	01	01	04	15

写入完成后,先按 RES 键,按住 D/A 键,利用＋1 键将数码管调到 1.0.,再按下 WRI 键,同时松手,观察单片机的状态,写在下面横线上。

单片机的状态:_____。

【阅读材料】

单片微型计算机简称单片机,是典型的嵌入式微控制器(Microcontroller Unit),常常用英文字母缩写 MCU 表示单片机。单片机又称单片微控制器,它不是完成某一个逻辑功能的芯片,而是把一个计算机系统集成到一个芯片上。单片机由运算器、控制器、存储器、输入输出设备构成,相当于一个微型计算机(最小系统)。和计算机相比,单片机缺少了外围设备等。概括地讲:

一块芯片就成了一台计算机。它的体积小、质量轻、价格便宜,为学习、应用和开发提供了便利条件。同时,学习使用单片机是了解计算机原理与结构的最佳选择。

单片机最早是被用在工业控制领域。由于单片机在工业控制领域的广泛应用,单片机由仅有中央处理器(Central Processing Unit,CPU)的专用处理器芯片发展而来。最早的设计理念是通过将大量外围设备和CPU集成在一个芯片中,使计算机系统更小,更容易集成进复杂的而对体积要求严格的控制设备当中。Intel 8080是最早按照这种思想设计出的处理器,当时的单片机都是8位或4位的。其中最成功的是Inter 8051,此后在8051上发展出了MCS-51系列单片机系统。因为简单可靠而性能不错获得了很大的好评。在很多方面单片机比专用处理器更适合应用于嵌入式系统,因此它得到了广泛的应用。事实上单片机是世界上数量最多的处理器,随着单片机家族的发展壮大,单片机和专用处理器便分道扬镳。

现代人类生活中所用的几乎每件有电子器件的产品中都会集成有单片机,例如手机、电话、计算器、家用电器、电子玩具、掌上电脑以及鼠标等电子产品中都含有单片机,汽车上一般配备四十多片单片机,复杂的工业控制系统中甚至可能有数百片单片机在同时工作,单片机的数量远远超过个人计算机(Personal Computer,PC)和其他计算机的总和。

第 2 课 点亮彩灯

在生活中,开灯、关灯是我们最熟悉的事情。在DP-801型单片机上,我们可以利用指令来点亮、关闭发光二极管,实现模拟开灯、关灯的效果,如图2.1所示。本节课我们就一起来学习控制DP-801型单片机上的"灯"。

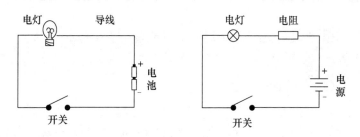

图 2.1 开关电路图

【挑战任务】

DP-801型单片机主板上的6个发光二极管的正极与电源正极相连,二极管的负极经限流电阻与输出口相连。掌握用"接通"、"断开"、"延时"和"结束"指令控制6个发光二极管的亮灭。

【实验器材】

实验器材：DP-801 型单片机的主机板。

【一起学】

1. 指令

控制发光二极管亮灭涉及的新指令如表 2.1 所示。

表 2.1 指令格式

指令名称	机器码	
	指令代码	操作数
接通	00	N(00~05)
断开	01	N(00~05)
延时	02	N(00~99),M(00~03)
结束	15	———

指令代码是单片机执行的命令,操作数指的是操作对象。

(1)"接通"指令。

"接通"指令功能：使 N 指向的输出口变为低电平,点亮发光二极管。DP-801 型单片机只有 8 个输出口,所以操作数 N 的取值范围为 00~07,其中 00~05 在正常状态下表示 0~5 这 6 个发光二极管。

例如：点亮 5 号灯。

地址　　　机器码

0.0.　　　00 05

15

第2课 点亮彩灯

同学们会发现灯闪了一下就关上了,怎样延长灯亮的时间呢?

(2)"延时"指令。

"延时"指令功能:使 CPU 停止工作,保持上一条指令执行后的状态在延时时间内不变,数码管显示倒计时。操作数 N 的取值范围是 00～99。时间单位的取值范围是 00～03,对应着4个时间单位,如表 2.2 所示。

表 2.2 时间单位代码

时间单位	0.1秒	秒	分	时
代码	00	01	02	03

例如:延时5分钟。

  地址 机器码

  0.0. 02 05 02

(3)"断开"指令。

"断开"指令功能:使 N 指向的输出口变为高电平,使发光二极管关闭。

例如:让0号灯亮5秒,然后让1号灯亮2秒,最后让2号灯亮10秒。

地址	机器码
0.0.	00 00
	02 05 01
	01 00
	00 01
	02 02 01
	01 01
	00 02
	02 10 01
	01 02
	15

(4)"结束"指令。

"结束"指令功能：告诉单片机一段程序的结束。使用 DP-801 型单片机可以编写多段程序并能运行指定段的程序，就是靠结束指令来区分的。

例如：以上例题每个程序的最后都有"15"结束指令。

2. 任务实验

实验 2.1 点亮 0 号发光二极管，延时 5 秒，关闭。

分析：

(1) 0 号发光二极管由 0 号输出口控制，利用"接通"指令向 00 号输出口送 0，就能点亮 0 号发光二极管。

(2)利用"延时"指令控制发光二极管亮的时间,时间单位是"秒",代码为 01。

(3)编写程序的过程可以分为三个步骤:

第一步是画流程图。在解决实际问题时,为了使程序设计的思路清晰、可读性强,人们通常会利用规定的几何图形、流程线以及文字说明来形象地描述程序的设计思路、执行的过程,然后再把它转化为程序,我们把这样的图称为流程图。

流程图中用到的基本符号如表 2.3 所示。

表 2.3　流程图中的基本符号

符号	名称	说明
⬡	起止框	表示程序的开始或结束
▭	处理框	表示处理或运算
◇	判断框	表示对给定的条件进行判断
↓	流程线	表示程序的执行方向

该实验用程序流程图的方式表示出来,如图 2.2 所示。

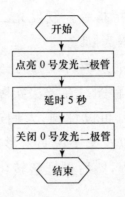

图 2.2　实验 2.1 的程序流程图

第二步是按照指令表的规定，写出机器码，也称作目标程序。只有目标程序才能输入到单片机中由 CPU 执行。

第三步是给指令代码分配存储地址。DP-801 型单片机要求从存储器的第一个存储单元 0.0. 开始存放数据，并且将每条指令的第一个机器码地址写在左边，格式如下：

地址	机器码	注释
0.0.	00 00；	给 0 号输出口送"0"
0.2.	02 05 01；	延时 5 秒
0.5.	01 00；	给 0 号输出口送"1"
0.7.	15；	结束

（4）上机操作。

① 输入程序。DP-801 型单片机一般都是从 00 地址开始执行程序，所以程序也要从 0.0. 地址开始输入，

第2课 点亮彩灯

输入的内容为机器码。

② 检查程序。由于 DP-801 型单片机上的数码管每次只能显示一个代码,不能像计算机那样将程序都显示在屏幕上,因此在输入的过程中经常会出现错误。检查程序的步骤是:

(a) 按下 RES 键,使单片机复位。

(b) 把存储单元地址改为"0.0.",开始检查数据。每按一次 D/A 键,数码管上就会显示下一个存储单元中的数据。在检查的过程中,如发现错误,修改数据之后按 WRI 键重新写入,然后再按 D/A 键检查下一个数据是否正确。

③ 运行程序。用户程序输入到存储器中后,就可以运行程序了。运行程序的步骤是:

(a) 按下 RES 键,使单片机复位。

(b) 按住 D/A 键,利用+1 键将数码管调到 1.0.,再按下 WRI 键,同时松手。

此时你会看到 0 号发光二极管被点亮了,同时数码管显示时间的倒计时状态,5 秒后 0 号发光二极管自动关闭。

注:上机操作的过程今后将不再一一赘述。

实验 2.2 同时点亮单片机上的 0、2、4 号发光二极管,延时 12 秒,关闭。

分析:

(1) 点亮发光二极管需要用到"接通"指令。利用

"接通"指令分别向00、02、04输出口送0,就能同时点亮这3个发光二极管。

(2) 题目要求发光二极管亮12秒,延时12秒用机器码表示为02 12 01。

(3) 关闭发光二极管需要用到"断开"指令。利用"断开"指令分别向00、02、04输出口送1,就能同时关闭这3个发光二极管。

程序流程图如图2.3所示,指令代码、存储地址分配如下:

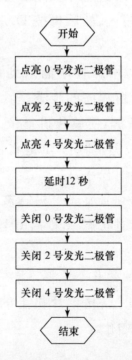

图2.3 实验2.2的程序流程图

地址	机器码	注释
0.0.	00 00;	给0号输出口送"0"
0.2.	00 02;	给2号输出口送"0"
0.4.	00 04;	给4号输出口送"0"
0.6.	02 12 01;	延时12秒
0.9.	01 00;	给0号输出口送"1"
1.1.	01 02;	给2号输出口送"1"
1.3.	01 04;	给4号输出口送"1"
1.5.	15;	结束

运行程序后,0、2、4号发光二极管同时被点亮12秒后,同时关闭。其实在编程时0、2、4这3个发光二极管是按顺序依次被点亮的,但由于CPU执行指令的速度极快,因此在运行程序时,我们的眼睛看不出这3个发光二极管被点亮的先后顺序,就感觉它们是同时被点亮的。

实验2.3 依次点亮0～2号发光二极管,延时0.5秒。

分析:要想让我们的眼睛能看出发光二极管被点亮的顺序,需要CPU在点亮每一个发光二极管后,等待一段时间,这段时间足够让我们能看清楚此发光二极管被点亮,然后再点亮下一个发光二极管。因此要在每条"接通"指令后加一条"延时"指令。

程序流程图如图2.4所示,指令代码、存储地址分配如下:

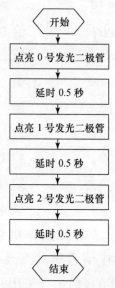

图 2.4　实验 2.3 的程序流程图

地址	机器码	注释
0.0.	00 00；	给 0 号输出口送"0"
0.2.	02 05 00；	延时 0.5 秒
0.5.	00 01；	给 1 号输出口送"0"
0.7.	02 05 00；	延时 0.5 秒
1.0.	00 02；	给 2 号输出口送"0"
1.2.	02 05 00；	延时 0.5 秒
1.5.	15；	结束

　　从前面的三个实验的流程图中，我们可以看出程序是按指令出现的先后顺序执行的。我们把程序的这种结构称为顺序结构。CPU 在执行顺序结构程序时，总是从程序的顶端开始，严格按照语句出现的先后顺序依

次执行。流程图中箭头的方向就代表了程序执行的方向。

【尝试探索】

1. 在横线上填写程序的注解，并输入程序，看看运行结果，说一说为什么会这样。

（1）地址　　　　机器码

　　0.0.　　　　00 00；＿＿＿＿＿

　　0.2.　　　　02 03 01；＿＿＿＿＿

　　0.5.　　　　15；＿＿＿＿＿

（2）运行程序后，看到的结果是什么？＿＿＿＿＿

（3）这说明什么？＿＿＿＿＿＿＿＿＿＿

2. 关灯小实验。

在 DP-801 型单片机的右上方有 6 个"小帽子"，每个"小帽子"将并排的两根针连接在一起，我们称之为短路环，如图 2.5 所示。

图 2.5　针座

(1) 运行实验 2.3 的程序后，3 个发光二极管最后全部点亮。在这个状态下，将上面的短路环按顺序依次取下，会发生什么现象？

(2) 此实验现象说明了什么？

【展示、交流与评价】

等级 评价项目	★★★★★	★★★★	★★★	★★
程序编写				
知识运用				
实验成果				

【拓展练习】

1. 填空。

(1) 在 DP-801 型单片机上输入程序，要从_____地址开始输入。

(2) 单片机执行的命令称为_____，操作的对象称为_____。

(3) 编写程序的过程可分为_____、_____、_____三步。

(4) 检查程序时要用到_____键，每按一次该键，数码管上显示数据，如发现错误，修改后需按_____键重新写入存储器。

(5) 运行程序时，需同时按_____键和_____键。

2. 根据题目要求写出流程图、机器码和地址。

（1）同时点亮 1、3、5 号发光二极管,延时 2.5 秒,关闭。

（2）依次点亮 5～0 号发光二极管,再逆序关闭。

（3）让 0 号发光二极管亮 5 秒,然后让 1 号发光二极管亮 2 秒,最后让 2 号发光二极管亮 5 秒。

【阅读材料】

单片机渗透到我们生活的各个领域,几乎很难找到哪个领域没有单片机的踪迹。单片机广泛应用于仪器仪表、家用电器、医用设备、航空航天、专用设备的智能化管理以及过程控制等领域。

单片机具有体积小、功耗低、控制功能强、扩展灵活、微型化和使用方便等优点,广泛应用于仪器仪表中,结合不同类型的传感器,可实现诸如电压、电流、功率、频率、湿度、温度、流量、速度、厚度、角度、长度、硬度、元素、压力等物理量的测量。用单片机可以构成形式多样的控制系统、数据采集系统、通信系统、信号检测系统、无线感知系统、测控系统、机器人等应用控制系统,例如工厂流水线的智能化管理、电梯智能化控制、各种报警系统、与计算机联网构成二级控制系统等。家用电器从电饭煲、洗衣机、电冰箱、空调机、彩电及其他音响视频器材,再到电子秤量设备和白色家电等广泛采用了单片机控制。现代的单片机普遍具备通信接口,可以很方便地与计算机进行数据通信,为在计算机网络和通信设备间的应用提供了极好的物质条件。通信设备基本上都实现了单片机智能控制,从手机、电话机、小型程控交换机、楼宇自动通信呼叫系统、列车无线通信,再到日常工作中随处可见的移动电话、集群移动通信、无线电对讲机等。单片机在医用呼吸机、各种分析仪、监护仪、超声诊断设备以及病床呼叫系统等亦有广泛应用。同时单片机在汽车中的发动机控制器,基于控制器局域网(Controller Area Network,CAN)总线的汽车发动机智能电子控制器、全球定位系统(Global Positioning System,GPS)、防抱死制动系统(Anti-Lock Braking System,ABS)、制动系统、胎压检测等方面也有应用。

第 3 课　闪动发光二极管

在晴朗的夜空,我们会看到越来越多的星星,将夜空点缀得更加美丽。本节课就让我们利用 DP-801 型单片机主机板上的发光二极管来模拟星星的闪烁效果。

【挑战任务】

掌握"转向"指令的使用,利用 801 型单片机上的 6 个发光二极管来模拟实现闪烁的星空。

【实验器材】

实验器材:DP-801 型单片机的主机板。

【一起学】

1. 指令

我们知道 DP-801 型单片机的主机板上有 6 个发光二极管,可以通过"接通"指令和"断开"指令控制它们的亮灭。模拟星星的闪烁效果,就是让发光二极管闪起来。闪一次的动作可以分解成四个基本动作:① 开灯;② 延时;③ 关灯;④ 延时。

在开灯和关灯后面加延时,是为了让我们的眼睛能够看清楚灯亮和灭的动作。不断地重复执行这四个基本动作,发光二极管就闪起来了。

"转向"指令是一个两字节的指令,其中 10 是操作码,N 为操作数。它的功能是只要运行到这一条指令,就转移去执行 N 地址处的指令。它是无条件转移指令,N 的取值范围是 00~99。表 3.1 为指令代码。

表 3.1　指令代码

指令名称	机器码	
	操作码	操作数
转向	10	N(00~99)

例如:转移到 04 号地址。

机器码
10 04

2. 任务实验

实验 3.1　让 1 号发光二极管闪起来,亮灭之间相隔 0.2 秒。

分析:

(1) 让 1 号发光二极管闪一次的动作可以分解为:① 点亮 1 号发光二极管;② 延时 0.2 秒;③ 关闭 1 号发光二极管;④ 延时 0.2 秒。然后再利用"转向"指令反复执行这四个动作。

(2) 延时 0.2 秒,0.2 秒=2 个 0.1 秒。最小时间

单位为"0.1秒",其代码为00。

程序流程图如图 3.1 所示,指令代码、存储地址分配如下:

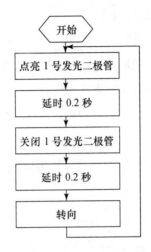

图 3.1 实验 3.1 的程序流程图

地址	机器码	注释
0.0.	00 01;	向1号输出口送0
0.2.	02 02 00;	延时 0.2 秒
0.5.	01 01;	向1号输出口送1
0.7.	02 02 00;	延时 0.2 秒
1.0.	10 00;	转移到00地址去执行
1.2.	15;	结束

实验 3.2 让0号和1号发光二极管交替闪起来,时间相隔 0.3 秒。

分析：

（1）让0号和1号发光二极管交替闪的动作可以分解为六个基本动作：① 点亮0号发光二极管；② 延时0.3秒；③ 关闭0号发光二极管；④ 点亮1号发光二极管；⑤ 延时0.3秒；⑥ 关闭1号发光二极管。然后利用"转向"指令反复执行这6个动作，就可以让0号和1号发光二极管交替闪起来。

（2）延时0.3秒，0.3秒＝3个0.1秒。最小时间单位为"0.1秒"，其代码为00。

程序流程图如图3.2所示，指令代码、存储地址分配如下：

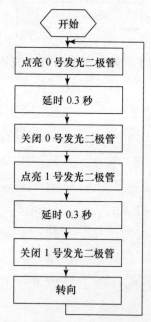

图3.2 实验3.2的程序流程图

地址	机器码	注释
0.0.	00 00；	给 0 号输出口送"0"
0.2.	02 03 00；	延时 0.3 秒
0.5.	01 00；	给 0 号输出口送"1"
0.7.	00 01；	给 1 号输出口送"0"
0.9.	02 03 00；	延时 0.3 秒
1.2.	01 01；	给 1 号输出口送"1"
1.4.	10 00；	转移到 00 地址去执行
1.6.	15；	结束

从实验 3.1 和实验 3.2 的程序流程图中,可以看出使用"转向"指令使程序的流程发生改变,不再按顺序执行。"转向"指令与它指定的地址之间的指令被重复执行,直到按复位键或关闭电源才能停止,我们把这种结构称为循环结构。

使用"转向"指令使流程在程序中随意转来转去,表面上看,比较灵活方便,但如果在程序中多次出现容易引起混乱,因此要尽量少用。

【尝试探索】

尝试让 6 个发光二极管依次闪动,无限循环。

【展示、交流与评价】

评价项目 \ 等级	★★★★★	★★★★	★★★	★★
程序编写				
知识运用				
实验成果				

【拓展练习】

1. 填空。

（1）当一段程序需要反复执行时，可以使用_____指令。运行程序后直到按_____键或_____才能停止，我们把这种结构称为_____。

（2）在源程序中，_____常常用来代替关键地址，通常写在指令的_____。用_____与指令隔开。

2. 根据题目要求写出流程图、源程序、机器码和地址。

（1）让所有的绿色发光二极管闪起来。

（2）交替点亮所有的红色发光二极管和所有的绿色发光二极管。

（3）依次点亮0～5号发光二极管，再逆序关闭，动作间隔0.3秒，循环。

【阅读材料】

发光二极管（Light-Emitting Diode，LED）是一种能发光的半导体电子元件。这种电子元件早在1962年就出现了，早期只能发出低光度的红光，之后发展出其他单色光的版本，时至今日能发出的光已遍及可见光、红外线以及紫外线，光度也提高到相当的光度。初时其作为指示灯、显示板等，随着技术的不断进步，发光二极管已被广泛地应用于显示器、电视机采光装饰和照明。

LED是近年来开发生产的一种新型光源，具有耗电小（电流只有10～20毫安）、亮度高（光强可达上万个

毫坎德拉)、体积小(直径最小可达 3 毫米)、重量轻(一颗发光二极管仅有零点几克)、寿命长(平均寿命 10 万小时)等优点。现已逐步代替白炽灯、低压卤钨灯制作道路交通信号灯。随着 LED 的出现,照明设计理论也随着 LED 的优点在不断发展。

(1)情景照明:以环境的需求来设计灯具。情景照明以场所为出发点,旨在营造一种漂亮、绚丽的光照环境,去烘托场景效果,使人感觉到场景的氛围。

(2)情调照明:以人的需求来设计灯具。情调照明是以人的情感为出发点,从人的角度去创造一种意境般的光照环境。情调照明与情景照明有所不同,情调照明是动态的,可以满足人的精神需求的照明方式,使人感到有情调;而情景照明是静态的,它只能强调场景光照的需求,而不能表达人的情绪。从某种意义上说,情调照明涵盖情景照明。情调照明包含四个方面:一是环保节能,二是健康,三是智能化,四是人性化。

第 4 课 小小演奏家

同学们在生活中经常看到机器人演奏音乐。单片机也能演奏音乐,你们知道吗？今天我们就来学习利用DP-801型单片机模拟演奏自己的乐曲。

【挑战任务】

学会"奏乐"指令的使用,会利用"奏乐"指令,编写自己的乐曲。

【实验器材】

实验器材：DP-801型单片机的主机板、外接蜂鸣器。

【一起学】

1. 硬件连接方法

将蜂鸣器接在DP-801型单片机的主机板上,如图4.1所示。

图 4.1 喇叭连接

2. 指令

"奏乐"指令的功能是按照操作数指定的音高和音长演奏音乐。"奏乐"指令的操作数有 2 个,即音高和音长。此指令占用 3 个字节,如表 4.1 所示。

表 4.1 指令代码

指令名称	机器码	
	操作码	操作数
奏乐	03	N(00~27),M(01~09)

音高的取值范围是 00~27。音名的音高分为低 8 度音、中 8 度音、高 8 度音,每种音高符号都有相应的代码来表示,如表 4.2 所示。

表4.2 音高代码

低音		中音		高音	
音名	代码	音名	代码	音名	代码
—	—	0(休止符)	00	—	—
$\underset{.}{1}$	01	1	11	$\overset{.}{1}$	21
$\underset{.}{2}$	02	2	12	$\overset{.}{2}$	22
$\underset{.}{3}$	03	3	13	$\overset{.}{3}$	23
$\underset{.}{4}$	04	4	14	$\overset{.}{4}$	24
$\underset{.}{5}$	05	5	15	$\overset{.}{5}$	25
$\underset{.}{6}$	06	6	16	$\overset{.}{6}$	26
$\underset{.}{7}$	07	7	17	$\overset{.}{7}$	27

音长的取值范围是01～11。简谱的音长符号也规定了代码。以音名"6"为例,音长代码如表4.3所示。

表4.3 音长代码

音长	十六分音符	八分音符	八分符点音符	四分音符	四分符点音符	二分音符	全音符				
简谱	$\underline{\underline{6}}$	$\underline{6}$	$\underline{6.}$	6	6.	6-	6---				
音长代码	00	01	02	03	04	05	06	07	08	09	10	11
时间	100毫秒	200毫秒	300毫秒	400毫秒	600毫秒	800毫秒	1.6秒	2.4秒	3.2秒	6.4秒	长期发音	停止发音

3. 任务实验

实验 4.1　奏乐 5- 6|5- 3|5　3 2　1|5---

分析：

(1) 在这段简谱中有中音和低音两种音高,中音的音高代码高位为 1,低音的音高代码高位为 0。

(2) 在这段简谱中有四种不同的音长：

① 5-,为二分音符,音长代码为 05；

② 6,为四分音符,音长代码为 03；

③ 3,为八分音符,音长代码为 01；

④ 5---,为全音符,音长代码为 06。

具体格式如下：

地址	机器码	注释
0.0.	03 15 05；	奏乐,中音 5,二分音符
0.3.	03 16 03；	奏乐,中音 6,四分音符
0.6.	03 15 05；	奏乐,中音 5,二分音符
0.9.	03 13 03；	奏乐,中音 3,四分音符
1.2.	03 15 03；	奏乐,中音 5,四分音符
1.5.	03 13 01；	奏乐,中音 3,八分音符
1.8.	03 12 01；	奏乐,中音 2,八分音符
2.1.	03 11 03；	奏乐,中音 1,四分音符
2.4.	03 05 06；	奏乐,低音 5,二分符点音符
2.7.	15；	结束

实验 4.2　奏乐 3- 23| 1- 21| 7. 5 7 | 3---

分析：

(1) 在这段简谱中有中音和高音两种音高，中音的音高代码高位为1，高音的音高代码高位为2。

(2) 在这段简谱中有五种不同的音长：

① 3-，为二分音符，音长代码为05；

② 2̇，为八分音符，音长代码为01；

③ 7.，为四分符点音符，音长代码为04；

④ 7，为四分音符，音长代码为03；

⑤ 3---，为全音符，音长代码为06。

具体格式如下：

地址	机器码	注释
0.0.	03 23 05；	奏乐,高音3,二分音符
0.3.	03 22 01；	奏乐,高音2,八分音符
0.6.	03 23 01；	奏乐,高音3,八分音符
0.9.	03 21 05；	奏乐,高音1,二分音符
1.2.	03 22 01；	奏乐,高音2,八分音符
1.5.	03 21 01；	奏乐,高音1,八分音符
1.8.	03 17 03；	奏乐,中音7,四分符点音符
2.1.	03 15 01；	奏乐,中音5,八分音符
2.4.	03 17 03；	奏乐,中音7,四分音符
2.7.	03 13 06；	奏乐,中音3,全音符
3.0.	15；	结束

【尝试探索】

写出自己熟悉的简谱，并写出程序代码输入单片机中,听一听自己的曲子。

【展示、交流与评价】

评价项目 \ 等级	★★★★★	★★★★	★★★	★★
程序编写				
知识运用				
实验成果				

【拓展练习】

1. 利用单片机演奏《月儿弯弯》,并学会唱。

1=C 3/4

宋祖芬 词
徐 欣 曲

34 5 5 | 34 5 5 | 56 5 3 | 13 2 - | 61 2 2 |
月儿 弯弯,月儿 弯弯,像只 小 船 在 天 边。 船边 星星,

23 5 3 | 23 2 1 | 23 1 - ‖
一闪 一 闪,眨着 眼 睛 向我 看。

2. 利用单片机演奏《小燕子》,并学会唱。

1=G 2/4

胡敦骅 词
徐邦杰 曲

5 5 | 3 - | 5 5 | 2 - | 6. 1 | 2 3 | 21 6 | 5 - |
小 燕子, 带 剪刀, 它 把 彩霞 剪 碎 了。

3. 2 | 3 5 | 2 17 | 6 - | 5. 3 | 21 23 | 1 - | 1 0 ‖
彩 霞 落 枝 头, 鲜花 开 口 笑。

【阅读材料】

　　某些专用单片机设计用于实现特定功能,从而在各种电路中进行模块化应用,而不要求使用人员了解其内部结构。比如音乐集成单片机,看似简单的功能,微缩在纯电子芯片中(有别于磁带机的原理),就需要复杂的类似于计算机的原理,如音乐信号以数字的形式存于存储器中(类似于只读存储器),由微控制器读出,转化为模拟音乐电信号(类似于声卡)。在大型电路中,这种模块化应用极大地缩小了设备的体积,简化了电路,降低了损坏、错误率,也方便于更换。

　　模块化是指解决一个复杂问题时自顶向下逐层把系统划分成若干模块的过程,有多种属性,分别反映其内部特性。模块化是一种将复杂系统分解为更好的可管理模块的方式。模块化用来分割、组织和打包软件。每个模块完成一个特定的子功能,所有的模块按某种方法组装起来,成为一个整体,完成整个系统所要求的功能。模块具有接口、功能、逻辑、状态等基本属性,接口、功能与状态反映模块的外部特性,逻辑反映它的内部特性。

　　在系统的结构中,模块是可组合、分解和更换的单元。模块化它可以通过在不同组件设定不同的功能,把一个问题分解成多个小的独立、互相作用的组件,来处理复杂、大型的软件。模块化系统工作的特点如下：独立的工作运行模式，各个模块可独立工作，即便单个模块出现故障也不影响整个系统工作；分级启动功能，当每个模块达到满负荷时系统会自动启动另一个模块，从而保证系统的输出始终与实际需求匹配，确保每个模块高效运行，又能节约资源，提高效率。

第 5 课　会说话的信号灯

在一些特殊的环境中,人们无法用声音交流,利用信号灯联络成为非常有效的一种原始通信手段。如遇到危险发出求救信号(SOS)时,灯长闪 3 次,短闪 3 次,不断循环。这就像发明了一套暗语,只有知道这套暗语的人才能明白这些信号的意思。本节课我们就利用 DP-801 型单片机上的发光二极管来模拟制作信号灯。

【挑战任务】

学会使用"调用"和"返回"指令控制单片机发光二极管的亮灭,表达自己的意思。

【实验器材】

实验器材:DP-801 型单片机的主机板。

【一起学】

1. 指令

利用 DP-801 主机板上的发光二极管来模拟制作信号灯,关键是要控制灯闪的次数。不同的次数或速度,代表不同的意思,这样就能让灯的状态衍生出无穷的变化。

如让 0 号发光二极管闪 3 次,程序如下:

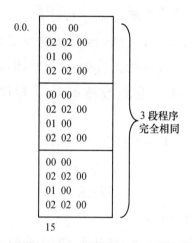

程序的运行结果是 0 号灯闪 3 次后就结束了。这种方法简单,但使得程序冗长,浪费时间。如果闪的次数更多,实现起来更加困难。为避免程序重复冗长,把需要重复执行的一段指令单独编成一段程序,需要时直接调用它。这种可以重复多次被调用的一段程序称为"子程序",而把调用子程序的程序叫做"主程序"。DP-801 为我们提供了调用子程序的指令,控制发光二极管闪动次数涉及的新指令如表 5.1 所示。

表 5.1 指令表

指令名称	机器码	
	操作码	操作数
调用	12	(00～FF)
返回	13	—

(1)"调用"指令。

"调用"指令的功能是当主程序执行到此指令时,先记录下一条指令的首地址,再转移到此指令指定的地址去执行。"调用"指令的操作数有 1 个,即地址号。此指令占用 2 个字节。地址号指的是子程序的起始单元地址。

例如:调用 48 地址处的子程序。

机器码
12 48

(2)"返回"指令。

"返回"指令的功能是按照调用子程序时记录的地址号,返回主程序,是子程序结束的标志。"返回"指令没有操作数,只占用 1 个字节。

2. 任务实验

实验 5.1 让 0 号发光二极管闪 3 次,亮灭之间相隔 0.2 秒。

分析:

(1)将 0 号发光二极管闪 1 次的指令作为子程序。

(2)为子程序分配起始单元地址时,主程序与子程序之间占用的存储单元不能出现重叠的情况,即要给主程序留出足够的空间。

程序流程图如图 5.1 所示,指令代码、存储地址分配如下:

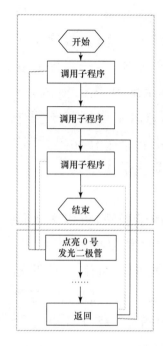

图 5.1　实验 5.1 的程序流程图

地址	机器码	注释
0.0.	12 20；	调用子程序
0.2.	12 20；	调用子程序
0.4.	12 20；	调用子程序
0.6.	15；	结束
2.0.	00 00；	点亮 0 号发光二极管
2.2.	02 02 00；	延时 0.2 秒
2.5.	01 00；	关闭 0 号发光二极管
2.7.	02 02 00；	延时 0.2 秒
3.0.	13；	返回主程序

主程序一定要从0.0.开始输入,以15为结束标志;2.0.表示子程序的起始单元地址,子程序要在2.0.存储单元地址开始输入,以13为结束标志。主程序和子程序之间可以空出若干个存储单元,这种方法大大简化了程序。

【尝试探索】

通过调用子程序,可以大大简化程序,但如果重复的次数太多,程序也会很冗长。如让0号发光二极管闪30次,在主程序中需要用30条调用指令,有没有更能简化程序的方法呢?

子程序除了可以被主程序调用外,子程序与子程序之间也可以存在调用关系。如让0号发光二极管闪30次,将0号发光二极管闪1次的过程作为子程序2,将调用6次子程序2的过程作为子程序1,将调用5次子程序1的过程作为主程序。这一过程(或方式)称为子程序的嵌套,其程序流程图如图5.2所示。

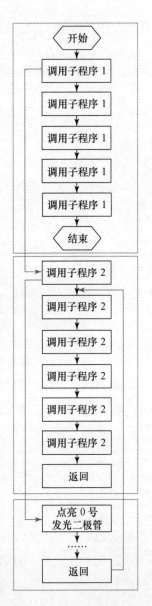

图5.2 子程序的嵌套

第5课　会说话的信号灯

图中只画了第一次调用子程序的流程线。程序执行的过程是：

主程序第一次调用子程序1→子程序1完成6次调用子程序2→返回主程序；

主程序第二次调用子程序1→子程序1完成6次调用子程序2→返回主程序；

……

主程序第五次调用子程序1→子程序1完成6次调用子程序2→返回主程序；

结束。

实际上，子程序2被执行的次数是5×6＝30次，即完成了0号发光二极管闪30次的效果。

请同学们根据流程图试着完成这个实验。

【展示、交流与评价】

评价项目＼等级	★★★★★	★★★★	★★★	★★
程序编写				
知识运用				
实验成果				

【拓展练习】

1. 根据题目要求写出流程图、机器码和地址，并上机完成实验。

（1）让2号发光二极管与3号发光二极管灯交替

闪5次。

（2）让6个发光二极管由前向后，再由后向前来回跑4次。

（3）让红色发光二极管闪2次，然后让黄色发光二极管闪3次，再让绿色发光二极管闪4次，循环。

2. 请试着利用发光二极管模仿信号灯设计一组信号，告诉你最要好的朋友。用信号灯进行对话，这可是个很有趣的实验啊！

【阅读材料】

信号灯的类型分为以下两种：

（1）二值信号灯。它是最简单的信号灯形式，信号灯的值只能取0或1，类似于互斥锁。虽然二值信号灯能够实现互斥锁的功能，但两者的关注内容不同。信号灯强调共享资源，只要共享资源可用，其他进程同样可以修改信号灯的值；互斥锁更强调进程，占用资源的进程使用完资源后，必须由进程本身来解锁。

（2）计数信号灯。这种信号灯的值可以取任意非负值（当然受内核本身的约束），用来统计资源，其值就代表可用资源的个数。

现在我们国家使用的交通信号灯具有统一的国家标准，其所装灯具为400×400毫米红黄绿三色高亮度像素管发光灯具（箭头灯），像素管直径为50毫米；灯具光源采用进口芯片四元素超高亮发光二极管，寿命大于10万小时。交通信号灯是非裔美国人加莱特摩根在

1923年发明的。此前,铁路交通已经使用自动转换的灯光信号一段时间了,但是由于火车是按固定的时刻表以单列方式运行的,而且火车要停下来不是很容易,因此铁路上使用的信号只有一种命令：通行。公路交通的红黄绿灯则不一样,它的职责在很大程度上是要告诉汽车司机把车辆停下来。交通信号灯由红灯、绿灯、黄灯组成。红灯表示禁止通行,绿灯表示准许通行,黄灯表示慢行或警示。《中华人民共和国道路交通安全法实施条例》将交通信号灯分为：机动车信号灯、非机动车信号灯、人行横道信号灯、车道信号灯、方向指示信号灯、闪光警告信号灯、道路与铁路平面交叉道口信号灯。

第6课 加减法运算器

说到加减法运算,同学们再熟悉不过了。用我们的单片机也可以进行加减法运算,你们知道吗?本节课我们就利用DP-801型单片机来进行加减法运算。

【挑战任务】

学会"送数"、"加数"、"减数"指令的使用,会利用这些指令制作加减法运算器。

【实验器材】

实验器材:DP-801型单片机的主机板。

【一起学】

1. 指令

加减法运算指令如表6.1所示。

表6.1 指令表

指令名称	机器码	
	操作码	操作数
送数	04	N（00～99）

续表

指令名称	机器码	
	操作码	操作数
加数	06	N（00～99）
减数	07	N（00～99）

（1）"送数"指令。

"送数"指令的功能是向数码管送数。在 DP-801 型单片机中,只有一个存放数据的单元,就是数码管,因此,所有数的操作都是对数码管进行的,如送数、加数、减数等等。

（2）"加数"指令。

"加数"指令的功能是将数码管上的数当成被加数,N 为加数,相加的结果送数码管显示。

（3）"减数"指令。

"减数"指令的功能是将数码管上的数当成被减数,N 为减数,相减的结果送数码管显示。

2. 任务实验

实验 6.1 编程计算 22＋33＝？并将运算结果显示在数码管上。

分析：

（1）从题目中可以看出,需要先向数码管送数 22,利用"加数"指令加 33,我们就可以在数码管上看到运算结果了。

(2)为了能清楚地看到运算结果,需要在后面加上延时时间。因为用02延时指令会占用数码管,所以采用休止符作为延时。在这里,用03 00 09休止6.4秒。

程序流程图如图6.1所示,指令代码、存储地址分配如下:

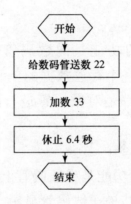

图6.1 实验6.1的程序流程图

地址	机器码	注释
0.0.	04 22 ;	给数码管送数22
0.2.	06 33 ;	加数33
0.4.	03 00 09 ;	休止6.4秒
0.7.	15 ;	结束

实验6.2 编程计算31-23=?并将运算结果显示在数码管上。

分析:

(1)从题目中可以看出,需要先向数码管送数31,

利用"减数"指令减去23,我们就可以看到运算结果了。

(2)为了能清楚地看到运算结果,需要在后面加上延时时间。因为用02延时指令会占用数码管,所以采用休止符作为延时,在这里,用03 00 09休止6.4秒。

程序流程图如图6.2所示,指令代码、存储地址分配如下:

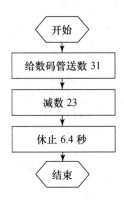

图6.2 实验6.2的程序流程图

地址	机器码	注释
0.0.	04 31；	给数码管送数31
0.2.	07 23；	减数23
0.4.	03 00 09；	休止6.4秒
0.7.	15；	结束

实验6.3 制作一个计数器,从0开始,每隔0.6秒递增1。

分析:

(1)实验中要从0开始计数,所以先要给数码管送数"00"。

(2)实验中由于加1的动作需要执行多次,因此利用"转向"指令反复执行加1动作。

程序流程图如图 6.3 所示,指令代码、存储地址分配如下:

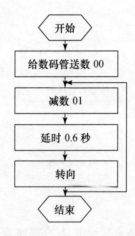

图 6.3 实验 6.3 的程序流程图

地址	机器码	注释
0.0.	04 00 ;	将数码管送"00"
0.2.	06 01 ;	加 1
0.4.	03 00 04 ;	延时 0.6 秒
0.7.	10 02 ;	转移到 0.2. 地址去执行
0.9.	15 ;	结束

运行此程序,数码管上的数从 0 开始,每隔 0.6 秒增加 1。请观察数码管能够显示的最大数是什么,之后程序运行的状态是什么。

实验 6.4 让 5 号发光二极管闪 3 次,并利用数码管计次数。

分析:

(1) 将 5 号发光二极管闪 1 次的过程作为子程序,由于题目中要求计闪的次数,因此在子程序的开头还要加入一条加数指令,每执行一次子程序,数码管上的数就加 1。

(2) 将调用 3 次子程序的过程作为主程序。

程序流程图如图 6.4 所示,指令代码、存储地址分配如下:

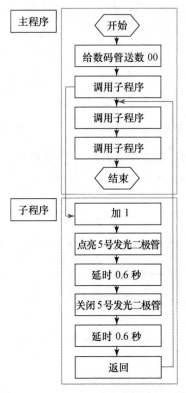

图 6.4 实验 6.4 的程序流程图

地址	机器码	注释
0.0.	04 00；	给数码管送 00
0.2.	12 10；	调用子程序
0.4.	12 10；	调用子程序
0.6.	12 10；	调用子程序
0.8.	15；	结束
1.0.	06 01；	加 1
1.2.	00 05；	点亮 5 号发光二极管
1.4.	03 00 04；	延时 0.6 秒
1.7.	01 05；	关闭 5 号发光二极管
1.9.	03 00 04；	延时 0.6 秒
2.2.	13；	返回主程序

【尝试探索】

想一想：实验 6.4 中，如果让数码管倒着计数，该怎么做？说一说需要在程序上做哪些改动。

【展示、交流与评价】

评价项目 \ 等级	★★★★★	★★★★	★★★	★★
程序编写				
知识运用				
实验成果				

第6课 加减法运算器

【拓展练习】

1. 编写程序计算下面的算式。

   $12+27=$ _____；　　$99-66=$ _____；

   $06+26=$ _____；　　$43-28=$ _____。

2. 根据题目要求画出程序流程图，写出源程序、机器码和地址，并上机完成实验。

   （1）制作一个计数器，从 0 开始，每隔 1.2 秒递增 2。

   （2）让 0 号和 1 号发光二极管交替闪 10 次，数码管计闪的次数。

【阅读材料】

在单片机的实际应用中，除法运算是比较常见的一种运算。以 MCS-51 型单片机为例，虽然它提供了除法指令，但只能进行单字节除以单字节的运算，如果要进行多字节的除法运算，就得自己设计算法。目前，许多资料上都介绍了四字节除以二字节的算法，但它们主要有以下几点不足：

（1）只能求出商，不能求出余数。

（2）在被除数高二位大于除数时，不能进行运算。

（3）商只有两个字节。

例如，被除数是 0FFFFFFFFH，除数是 0004H 时，商数应该是 3FFFFFFFH，余数是 0003H。但是，用以前的算法是无法进行运算的。

在实际运用中，参与运算的数是任意的，有时需要求出余数,有时商数要求有四个字节,因此,以前的算法在实际应用中受到了很大的限制。为了满足实际运用中的需要,可以采用新的四字节除以二字节的算法。克服了上述算法中的缺点,可以适合广泛的实际需要。运算时,首先判断除数是否为零,若为零时,则设溢出标志为1,然后退出。若除数不为零,则采用移位相减法进行运算。先把进位位和余数单元清零,再将进位位、余数单元和被除数单元按顺序首尾相连,逐位进行向左循环移位,共移位32次。判断是否够减的方法是:在做减法之前,先保存进位位,再看做完减法后的进位位。仅在做减法之前进位位为0,并且做减法之后进位位为1时判为不够减,其余情况均视为够减。这样,等到全部运算结束时,商数为四个字节,存放在被除数单元中;余数为两个字节,存放在余数单元中。

第 7 课 趣味小闹钟

闹钟是我们生活中最常用到的生活用品,它可以提示我们指定的时间去做指定的事情。同学们,你们知道小闹钟是怎样工作的吗?本节课就让我们利用DP-801型单片机来模拟制作小闹钟。

【挑战任务】

学会使用"显示"、"数等转"、"转向"指令,会综合使用"数等转"指令和其他指令制作趣味小闹钟。

【实验器材】

实验器材:DP-801型单片机的主机板、外接蜂鸣器。

【一起学】

1. 指令

利用DP-801型单片机编写程序,让蜂鸣器在指定时间发出声音,并且要限定发声的次数。DP-801型单片机的指令库中为我们提供了"数等转"指令,利用这条指令可以达到控制发声次数的目的。"显示"、"数等转"、"转向"指令的格式如表7.1所示。

表7.1 指令表

指令名称	机器码	
	操作码	操作数
显示	05	N(00 01)
数等转	11	N(00~99),M(00~99)
转向	10	N(00~99)

"显示"指令用于开关数码管,它有一个操作数N。当N=00时,关闭数码管;当N=01时,开数码管。当执行关闭数码管指令后,不管给数码管送什么数,数码管都是黑的,但送给数码管的数是有效的,当再执行一条开数码管指令后数码管就显示最后一次送给它的数。增加这一条指令是由于DP-801型单片机使用电池为能源,因此,当不需要显示时,可以关掉数码管以减少电池能量的消耗。

"数等转"指令是一个三个字节的指令,11是操作码,N和M为操作数。它的功能是比较数码管上的数与N是否相等,若相等,则转移到地址M去执行,否则执行下一条指令。"数等转"指令是"条件转移"指令,它的两个操作数N和M取值范围为00~99。

例如:如果寄存器中的数据等于06,就转移到15号地址去执行。

机器码
11 06 15

2. 任务实验

实验 7.1 利用单片机自制一个小闹钟,让蜂鸣器在 40 分钟后奏乐１２３,提示下课时间到,奏乐重复 4 次后自动停止。

分析:

(1) 设定上课时间为 40 分钟,程序开始需要延时 40 分钟。由于延时时间较长,为了节省能源,可以先关闭数码管。

(2) 下课时间到,需要蜂鸣器发出声音提醒我们,发声不能无限制的响,因此需要控制奏乐的次数。用"数等转"、送数、加数指令可以控制奏乐的次数并计数。

程序流程图如图 7.1 所示,指令代码、存储地址分配如下:

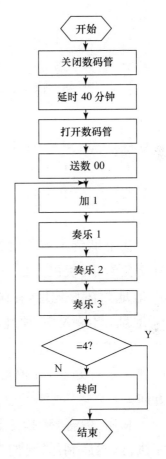

图 7.1 实验 7.1 的程序流程图

地址	机器码	注释
0.0.	05 00；	关闭数码管
0.2.	02 40 02；	延时40分钟
0.5.	05 01；	打开数码管
0.7.	04 00；	给数码管送"00"
0.9.	06 01；	加1
1.1.	03 11 03；	奏乐1
1.4.	03 12 03；	奏乐2
1.7.	03 13 03；	奏乐3
2.0.	11 04 30；	判断是否到4次
2.3.	10 09；	跳转到09地址执行
3.0.	15；	结束

在上课铃声响起时运行此程序,过40分钟后,单片机就会奏乐,提醒我们下课时间到了。程序中跳转到的30地址为估算地址,在录入程序时,需要将地址号调到30地址,再录入30地址的数据。

从实验7.1的程序流程图中,我们可以看出程序中出现了条件判断,并根据判断的结果来决定程序执行的方向。

利用"数等转"指令进行判断,如不满足条件,则顺序执行,然后利用"转向"指令跳到"数等转"指令处继续进行判断,构成循环,直到满足条件后再跳转到"数等转"指令指定的地址去执行。我们把程序的这种结构称为条件循环结构。

【尝试探索】

在实验7.1中,没有用到"延时"指令。请你仔细观察发光二极管亮的时间与"奏乐"指令中的音长有什么关系。

将"奏乐"指令的音长改为4分音符或2分音符,运行程序,你发现了什么?这说明什么?

【展示、交流与评价】

评价项目 \ 等级	★★★★★	★★★★	★★★	★★
程序编写				
知识运用				
实验成果				

【拓展练习】

1. 让1号发光二极管闪10次,每次亮0.2秒灭0.2秒,数码管计数。

2. 让0、3、5号发光二极管同时闪5次后,再同时点亮2号和4号发光二极管,延时1.5秒,关闭。

3. 让3号与4号发光二极管交替闪90次,数码管计数。

【阅读材料】

数字定时闹钟的设计方法有许多种,例如,可以用中小规模集成电路组成数字定时闹钟,也可以利用专用的时钟芯片配以显示电路及其所需要的外围电路组成数字定时闹钟,还可以利用单片机来实现数字定时闹钟。这些方法都各有其特点,其中利用单片机来实现数字定时闹钟具有编程灵活、精度高等特点,便于数字定时闹钟功能的扩充,同时还可以用该数字定时闹钟发出各种控制信号。定时闹钟的设计以单片机 AT89C52 芯片、DS1302 和 LCD 液晶显示器为核心,辅以必要的电路。AT89C52 的指令系统和引脚与 8051 型单片机完全兼容,片内有 128 字节的 RAM、32 条 I/O 接口线、2 个 16 位定时计数器、5 个中断源、一个全双工的串行口等。AT89C52 结合用 LCD 液晶显示器设计的简易定时闹钟,可以设置限制闹钟开启的时长以及显示闹钟开启时间,若时间一到则发出一阵声响,进一步可以扩充控制电器的启停。定时闹钟包括时间显示、按键电路、复位电路、闹铃指示电路等部分。

第 8 课 音乐彩灯

在音乐广场上，霓虹灯伴着优美的音乐有节奏地闪动，使得夜色格外迷人。你知道这些音乐彩灯的工作原理吗？本节课就让我们利用 DP-801 型单片机来模拟制作简易的音乐彩灯。

【挑战任务】

学会综合运用"奏乐"、"接通"、"断开"指令来制作模拟音乐彩灯效果。

【实验器材】

实验器材：DP-801 型单片机的主机板。

【一起学】

1. 指令

要模拟音乐彩灯实际上就是让 CPU 边奏乐边控制发光二极管的闪烁。"奏乐"指令类似于"延时"指令，演奏每一个音符，都有使 CPU 延时的作用。"奏乐"指令中的音长决定时间的长短。例如，音长为 16 分音符，发声所用的时间约 0.1 秒。如果将"奏乐"指令中的音名

改为休止符,就可以当成"延时"指令来用了。

例如:03 16 07;CPU演奏中音6,音长为二分附点音符,约1.6秒。

03 00 07;CPU演奏休止符,不发声,延时约1.6秒。

因此用"奏乐"指令,既能奏乐又可以控制发光二极管亮灭的时间,这就是实现音乐彩灯程序的基本思路。

乐曲都是有节奏的,有2/4拍、3/4拍、4/4拍等。在演奏乐曲时,为了突出节拍的效果,可以用发光二极管表示节拍,红发光二极管代表强拍,黄发光二极管代表次强拍,绿发光二极管代表弱拍。下面介绍三种节拍的形式:

2/4拍:

强 弱 | 强 弱 | 强 弱 |
红 绿　 红 绿　 红 绿

3/4拍:

强 弱 弱 | 强 弱 弱 | 强 弱 弱 |
红 绿 绿　 红 绿 绿　 红 绿 绿

4/4拍:

强 弱 次强 弱 | 强 弱 次强 弱 |
红 绿 黄 绿　 红 绿 黄 绿
强 弱 次强 弱 |
红 绿 黄 绿

当然表示节拍的方法灵活多样,你也可以自己设计。

2. 任务实验

实验 8.1 演奏 2/4 拍乐谱 ６６｜６ 35　33｜,红发光二极管代表强拍,绿发光二极管代表弱拍。

分析:

(1) 写出发光二极管表示节拍的形式。

　６６｜６ 35　33｜
　红绿　红　绿

(2) 用０号发光二极管和２号发光二极管的两种颜色来表示节拍的强弱。

(3) 当演奏结束时,要关闭所有的发光二极管。

(4) 为了保证灯光与节拍一致,一定要在节拍的第一个音之前开灯,然后再奏出声音。

程序流程图如图 8.1 所示,指令代码、存储地址分配如下:

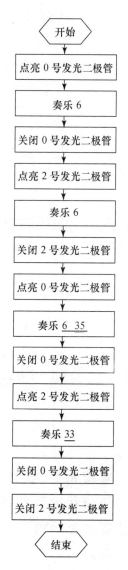

图 8.1　实验 8.1 的程序流程图

地址	机器码	注解
0.0.	00 00;	点亮红色发光二极管
0.2.	03 16 03;	奏乐,中音6,四分音符
0.5.	01 00;	关闭红色发光二极管
0.7.	00 02;	点亮绿色发光二极管
0.9.	03 16 03;	奏乐,中音6,四分音符
1.2.	01 02;	关闭绿色发光二极管
1.4.	00 00;	点亮红色发光二极管
1.6.	03 16 02;	奏乐,中音6,八分音符
1.9.	03 13 00;	奏乐,中音3,十六分音符
2.2.	03 15 00;	奏乐,中音5,十六分音符
2.5.	01 00;	关闭红色发光二极管
2.7.	00 02;	点亮绿色发光二极管
2.9.	03 13 01;	奏乐,中音3,八分音符
3.2.	03 13 01;	奏乐,中音3,八分音符
3.5.	01 00;	关闭红色发光二极管
3.7.	01 02;	关闭绿色发光二极管
3.9.	15;	结束

实验 8.2 演奏 4/4 拍乐谱,3 3 3.2|5 5 5-|,红发光二极管代表强拍,黄发光二极管代表次强拍,绿发光二极管代表弱拍。

分析:

(1) 写出发光二极管表示节拍的形式。

$\underline{3\ 3\ 3.\ \underline{2}\ |\ 5\ 5\ 5\ -\ |}$
红 绿 红 绿　红 绿 红 绿

（2）用 0 号发光二极管、1 号发光二极管和 2 号发光二极管的三种颜色来表示节拍的强弱。

（3）灯光落在发音中间时,如第 2 小节末尾的"5-"是个二分音符,要由黄灯变为绿灯,就把这个二分音符分解为两个四分音符"5 5",点亮黄色发光二极管,奏乐 5,再点亮绿色发光二极管,奏乐 5。

处理这类问题原则是:要在一个长音中变几种颜色的发光二极管,就必须把长音分成几段,再各段之前加入点亮相应颜色发光二极管指令,程序流程图如图 8.2 所示,指令代码、存储地址分配如下:

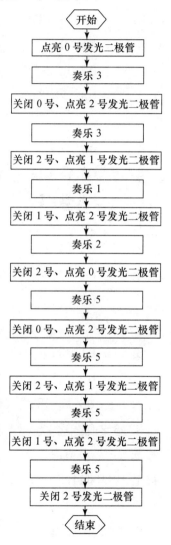

图 8.2　实验 8.2 流程图

地址	机器码	注解
0.0.	00 00；	点亮红色发光二极管
0.2.	03 13 03；	奏乐,中音3,四分音符
0.5.	01 00；	关闭红色发光二极管
0.7.	00 02；	点亮绿色发光二极管
0.9.	03 13 03；	奏乐,中音3,四分音符
1.2.	01 02；	关闭绿色发光二极管
1.4.	00 01；	点亮黄色发光二极管
1.6.	03 13 04；	奏乐,中音3,附点四分音符
1.9.	01 01；	关闭黄色发光二极管
2.1.	00 02；	点亮绿色发光二极管
2.3.	03 12 01；	奏乐,中音2,八分音符
2.6.	01 02；	关闭绿色发光二极管
2.8.	00 00；	点亮红色发光二极管
3.0.	03 15 03；	奏乐,中音5,四分音符
3.3.	01 00；	关闭红色发光二极管
3.5.	00 02；	点亮绿色发光二极管
3.7.	03 15 03；	奏乐,中音5,四分音符
4.0.	01 02；	关闭绿色发光二极管
4.2.	00 01；	点亮黄色发光二极管
4.4.	03 15 03；	奏乐,中音5,四分音符
4.7.	01 01；	关闭黄色发光二极管
4.9.	00 02；	点亮绿色发光二极管
5.1.	03 15 05；	奏乐,中音5,四分音符

5.4.　　01 02;　　　关闭绿色发光二极管
5.6.　　0F;　　　　结束

【尝试探索】

1. DP-801型单片机的外接蜂鸣器音质很差,若换成外接小音箱,效果更好。发光二极管亮度太小,若换成舞台灯光或彩灯串,对视觉冲击力会大大提高,同学们可以试着做一做。

2. 演奏乐曲也是艺术创作,如乐曲演奏的轻重、快慢不同,产生的效果也不同。将例题中的音长改变一下,如将四分音符改成二分音符或八分音符,体会一下。

【展示、交流与评价】

评价项目	等级	★★★★★	★★★★	★★★	★★
程序编写					
知识运用					
实验成果					

【拓展练习】

1. 奏乐《两只快乐的鹅》。

1=D $\frac{4}{4}$　　　　　　　　　　　　　俄罗斯民歌
徐　欣　曲　　　　　　　　　　　　归定康译配

4 3　2 1 5　5 | 4 3　2 1 5　5 | 4 6　6 4　3 5　5 3 | 2 3　4 2　1 1 |
奶奶　喜欢喂　鹅,喂了　两只大　鹅,一只　灰的,一只　白的,两只　快乐的大鹅。

2. 奏乐《牧鸭》。

1=C $\frac{2}{4}$　　　　　　　　　　　　　张宾普 词
徐 欣 曲　　　　　　　　　　　　　生 茂 曲

5 5 3 1|3 5 0|5 5 3 1|3 5 0|1̇ 1̇ 5 1̇|5 5 3|
吹起 声声 木叶，门开 鸭群 流泻。 竹杆 一甩 轻轻歌，

2 2 2 3 2 2|1-|1̇ . 6|1̇ . 6|4 6 5|5-|1̇ . 6|
一团彩云 飘进 河。 浪花 浪花 拥彩 云， 彩云

1̇ . 6|4 6 5|5-|
彩云 戏碧 波。

【阅读材料】

音调主要由声音的频率决定，同时也与声音强度有关。对一定强度的纯音，音调随频率的升降而升降，对一定频率的纯音、音调即是声音中的高音和低音，高频纯音的音调随强度的增加而上升，低频纯音的音调随声音强度增加而下降，所以应用滤波器滤出高频、低频，以方便驱动彩灯发光，如图 8.3 所示。

我们人类能识别的声音频率是 20Hz～20kHz，所以是设置 1kHz 以上为高音、以下则为低音，从而需要一个高低音滤波器去驱动彩灯发光。放大电路就和上面电路公用，电源也公用。音频放大后经高低通滤波，送限流电阻限流后使彩灯发光。

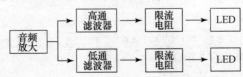

图 8.3 音调电路结构框图

第 9 课 神奇的接口

同学们,每一个单片机控制器都有自己的接口,用来处理自己的输入、输出信息,你们知道吗?单片机的 CPU 与外部设备、存储器的连接和数据交换都需要通过接口设备来实现。通过这些接口就可以对外界进行控制或接受外部的控制,例如遥控玩具车、自动洗衣机、智能机器人等。今天我们就来学习 DP-801 型单片机的接口。

【挑战任务】

认识 DP-801 型单片机的"WJZ"针座,了解 26 根针座的含义。

【实验器材】

实验器材:DP-801 型单片机的主机板、杜邦线。

【一起学】

1. DP-801 型单片机的"WJZ"针座图

如图 9.1 所示为 DP-801 型单片机的"WJZ"针座图,表 9.1 为 26 根针座表。

图 9.1 "WJZ"针座图

表 9.1 26 根针座表

编号	引脚名	编号	引脚名
26	输出 0(南北红灯)	25	输出 4(东西黄灯)
24	输出 1(南北黄灯)	23	输出 5
22	输出 2(南北绿灯)	21	输出 6
20	输出 3(东西红灯)	19	输出 7(东西绿灯)
18	电源地(GND)	17	电源正(VCC)
16	2051－P1.3(喇叭)	15	输入 0(触点 0)
14	输入 6(触点 6)	13	输入 1(触点 1)
12	输入 3(触点 3)	11	输入 5(触点 5)
10	输入 4(触点 4)	9	输入 2(触点 2)
8	输入 7(触点 7)	7	输入 8(触点 8)
6	输入 9(触点 9)	5	输入 10(触点 10)

续表

编号	引脚名	编号	引脚名
4	2051－P1.0(＋1 键)	3	2051－P1.1(－1 键)
2	2051－P1.2(D/A 键)	1	2051－INT0(WRI 键)

2. 任务实验

实验 9.1　同时点亮 0～5 号发光二极管,循环。

运行程序后,将图 9.2 中所示的 0～5 号短路环依次取下,观察发光二极管的状态。

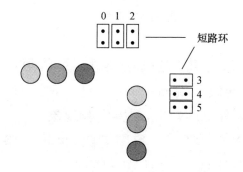

图 9.2　0～5 号发光二极管的短路环

实验 9.2　同时点亮 0～5 号发光二极管,循环。将 0～5 号短路环全部取下。

运行程序后,将 0～5 号短路环全部取下,6 个发光二极管全不亮了。在没有短路环的情况下,怎样让发光二极管亮起来?

如图 9.3 所示,用杜邦线将输出端口的 00 号针与

1号短路环上侧的针连接起来,观察实验现象。

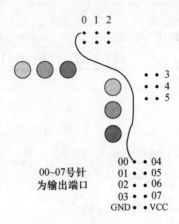

图9.3 连线方法

实验9.3 将用户程序清除,再将短路环全部取下,然后将导线一端插在 GND 针上,另一端插在任意一个短路环外侧的针上,观察实验现象。

实验9.4 将用户程序清除,再将短路环全部安上,然后将导线一端插在 GND 针上,另一端插在 00～05号中任意一个输出针上,观察实验现象。

【尝试与探索】

想一想:在单片机通过 DC 头接通电源后,"WJZ"针座的 GND、VCC 两根针能否给其他外设供电?其他外设能否通过这两根针给 DP-801 型单片机供电?

【展示、交流与评价】

评价项目 \ 等级	★★★★★	★★★★	★★★	★★
程序编写				
知识运用				
实验成果				

【拓展练习】

  1. 用6号输出口控制0号发光二极管,让0号发光二极管闪起来,数码管计闪动的次数。

  2. 用7号输出口控制2号发光二极管,用6号I/O接口控制3号发光二极管,让2、3号发光二极管交替闪起来,数码管计闪动的次数。

【阅读材料】

1. 电容容量越大越好吗?

  很多人在电容的替换中往往爱用大容量的电容。我们知道虽然电容越大,为集成电路(Integrated Circuit,IC)提供的电流补偿的能力越强,但是电容容量的增大带来的体积变大,增加成本的同时还影响空气流动和散热,同时电容上存在寄生电感,电容放电回路会在某个频点上发生谐振,在谐振点,电容的阻抗小,因此放电回路的阻抗最小,补充能量的效果也最好,但当频率超过谐振点时,放电回路的阻抗开始增加,电容提供电流能力便开始下降。电容的容值越大,谐振频率越低,电容能有效补偿电流的频率范围也越小。从保证电容提供高频电流的能力的角度来说,电容越大越好的观点是错误的,一般的电路设计中都是有一个参考值的。

2. 同样容量的电容,并联越多的小电容越好

耐压值、耐温值、容值、等效串联电阻(Equivalent Series Resistance,ESR)等是电容的几个重要参数,对于 ESR 自然是越低越好。ESR 与电容的容量、频率、电压、温度等都有关系,在电压固定的时候,容量越大,ESR 越低。在板卡设计中采用多个小电容并连多是出于 PCB 空间的限制,这样有的人就认为,越多的并联小电阻,ESR 越低,效果越好。理论上是如此,但是要考虑到电容接脚焊点的阻抗,采用多个小电容并联,效果并不一定突出。

第 10 课 电灯开关

开关是生活中常见的一种装置，它的功能就是接通电源，如电灯开关、各种家用电器的开关、电源插座的开关、电脑的开关等。本节课就让我们利用 DP-801 型单片机来模拟制作电灯开关。

【挑战任务】

掌握"断转"、"通转"指令的用法，会利用这两个指令制作电灯开关。

【实验器材】

实验器材：DP-801 型单片机的主机板。

【一起学】

1. 指令

在 DP-801 的指令库中，"断转"指令和"通转"指令都是检测开关量信号的指令，若在程序运行时需用外部开关控制 DP-801 型单片机，就需要用到这两条指令。

这两条指令都有两个操作数，操作数 N 是指检测哪个对象，在 DP-801 型单片机中提供 15 个开关量的输入，同时还提供一个标志（时间到标志），它们都可以

用于检测,这两条指令的格式如表 10.1 所示。

表 10.1 指令表

指令名称	机器码	
	操作码	操作数
断转	08	N(00~15),M(00~99)
通转	09	N(00~15),M(00~99)

1. "断转"指令

"断转"指令的功能是:如果 N 口断开,则转向执行 M 地址处的指令,否则执行下一条指令。

2. "通转"指令

"通转"指令的功能是:如果 N 口接通,则转向执行 M 地址处的指令,否则执行下一条指令。

开关量与操作数 N 的对应关系如表 10.2 所示.

表 10.2 对应关系表

N	测试对象	N	测试对象
0	标志为 0 触点	8	标志为 8 触点
1	标志为 1 触点	9	C 标志为 9 触点
2	标志为 2 触点	10	标志为 10 触点
3	标志为 3 触点	11	+1 键
4	标志为 4 触点	12	−1 键
5	标志为 5 触点	13	D/A 键
6	标志为 6 触点	14	WRI 键
7	标志为 7 触点	15	时间到标志

2. 任务实验

实验 10.1 屋内有两盏灯,一盏是顶灯,另一盏是台灯。主人坐在写字台旁的椅子上时,台灯亮、顶灯灭;主人离开椅子时,则台灯灭、顶灯亮。利用 DP-801 型单片机上的两个发光二极管来模拟这两盏灯的工作原理。用一个开关控制两个发光二极管的亮灭。

分析:

(1) 在椅子上安一个碰触感知器,作为控制顶灯(0号发光二极管)和台灯(2号发光二极管)的开关(这里把+1键当做开关),当人坐下时,即按下开关,2号发光二极管亮;当人离开椅子时,即未按开关,0号发光二极管亮,且不断重复这个过程。

(2) 完成此任务有两种方法。

方法一:利用"断转"指令检测 11 号输入口(+1键)的信号,当 11 号输入口的信号为"1"时,即未按键,则跳转去执行点亮 0 号发光二极管程序;当 11 号输入口的信号为"0"时,即按下键,则顺序执行点亮 2 号发光二极管程序。程序的流程如图 10.1 所示。

从图 10.1 中我们可以看出,这是一个多分支结构的程序。每列是一个分支,根据程序流程图可以写出两段程序。

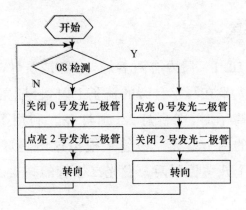

图 10.1　实验 10.1 流程图

将两段程序顺序排成一列的原则是：有开始框的一列排在最前边，有结束指令的一列排在最后，如果还有更多分支，则按从左到右的顺序排列，然后统一分配地址，指令代码、存储地址分配如下：

地址	机器码	注释
0.0.	08 11 09；	未按键就转到 09 地址
0.3.	01 00；	关闭 0 号发光二极管
0.5.	00 02；	点亮 2 号发光二极管
0.7.	10 00；	抬起了就转移到 00 地址
0.9.	00 00；	点亮 0 号发光二极管
1.1.	01 02；	关闭 2 号发光二极管
1.3.	10 00；	抬起了就转移到 00 地址
1.5.	15；	结束

方法二：利用"通转"指令检测 11 号输入口的信

号,当11号输入口的信号为"1"时,即未按键,则0号发光二极管亮;当11号输入口的信号为"0"时,即按下键,则2号发光二极管亮。程序的流程图如图10.2所示,指令代码、存储地址分配如下:

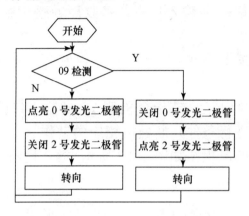

图 10.2 实验 10.1 的程序流程图

地址	机器码	注释
0.0.	09 11 09;	按键就转到 09 地址
0.3.	01 02;	没按键则关闭 2 号发光二极管
0.5.	00 00;	点亮 0 号发光二极管
0.7.	10 00;	无条件转移到 00 地址
0.9.	01 00;	关闭 0 号发光二极管
1.1.	00 02;	点亮 2 号发光二极管
1.3.	10 00;	无条件转移到 00 地址
1.5.	15;	结束

实验 10.2　在楼道里安装了一种节能灯,按下开关,灯亮数秒后会自动关闭。利用 DP-801 型单片机和

碰触感知器模拟这种节能灯的工作原理。

分析：

（1）用4号发光二极管作为模拟电灯，利用碰触感知器作为电灯开关控制4号发光二极管的亮灭。

（2）将12号输入口用作接收碰触感知器信息的输入口。

（3）按下开关，4号发光二极管亮5秒钟后自动关闭。

（4）利用"通转"指令检测12号输入口的信号，并根据信号进行条件判断做出相应的动作。

程序的流程图如图10.3所示，指令代码、存储地址分配如下：

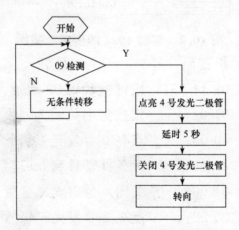

图10.3 实验10.2的程序流程图

地址	机器码	注释
0.0.	09 12 05；	按键就转移到05地址
0.3.	10 00；	未按键转移到00地址，等待

0.5.	00 04;	点亮 4 号发光二极管
0.7.	02 05 01;	延时 5 秒
1.0.	01 04;	关闭 4 号发光二极管
1.2.	10 00;	转移到 00 地址
1.4.	15;	结束

实验 10.3 利用＋1 键模拟真正的开关,第一次按下开关,0 号发光二极管亮,第二次按下开关,0 号发光二极管灭,循环。

分析：

(1) 将 11 号输入口用作接收碰触感知器信息的输入口。

(2) 用"断转"或"通转"指令完成任务。

方法一：利用"通转"指令检测 11 号输入口的信号,程序的流程图如图 10.4 所示,指令代码、存储地址分配如下：

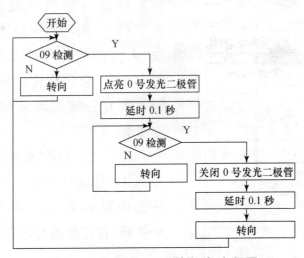

图 10.4 实验 10.3 的程序流程图

地址	机器码	注释
0.0.	09 11 05;	第一次按键就转移到05地址
0.3.	10 00;	未按键转移到00地址,等待
0.5.	00 00;	点亮0号发光二极管
0.7.	02 01 00;	延时0.1秒
1.0.	09 11 15;	第二次按键就转移到15地址
1.3.	10 10;	未按键转移到10地址,等待
1.5.	01 00;	关闭0号发光二极管
1.7.	02 01 00;	延时0.1秒
2.0.	10 00;	转移到00地址
2.2.	15;	结束

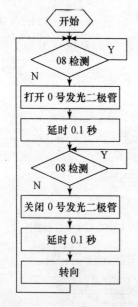

图 10.5 实验 10.4 流程图

运行程序后,我们会发现这种方法在理论上行得通,但实际运行时会出现问题:由于CPU执行指令的速度极快,人按键的速度比CPU慢得多,所以会出现连续按多次键才能打开或关闭0号发光二极管。

方法二:利用"断转"指令检测11号输入口的信号,程序的流程如图10.5所示,指令代码、存储地址分配如下:

地址	机器码	注释
0.0.	08 11 00;	未按键就转移到 00 地址,等待
0.3.	00 00;	第一次按键打开 0 号发光二极管
0.5.	02 01 00;	延时 0.1 秒
0.8.	08 11 08;	未按键就转移到 08 地址,等待
1.1.	01 00;	第二次按键关闭 0 号发光二极管
1.3.	02 01 00;	延时 0.1 秒
1.6.	10 00;	转移到 00 地址
1.8.	15;	结束

运行程序后,我们会发现用这种方法编写的程序在运行时也会出现问题:出现连续按多次键才能打开或关闭 0 号发光二极管的情况。

以上两种方法编写的程序都不可靠,都不能保证每按一次键就达到开灯和关灯的目的,该如何保证按键的可靠性呢?

按键的动作可以分解为两种情况:一是"键未按下",二是"键未抬起"。要想让 CPU 与我们按键的速度保持一致,就要让 CPU 等待,等键抬起了再继续执行下面的指令。通常用"断转"指令检测"键未按下",用"通转"指令检测"键未抬起"。

为保证按键的可靠性,这两条指令通常以如图 10.6 所示的结构配合使用,表示完成一次按键。

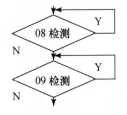

图 10.6 配合使用图

方法三:"通转"和"断转"指令配合使用,程序的流程图如图 10.7 所示,指令代码、存储地址分配如下:

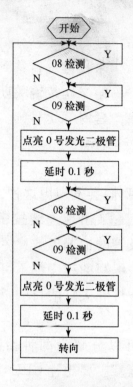

图 10.7　实验 10.3 的程序流程图

地址	机器码	注释
0.0.	08 04 00;	未按键就转移到 00 地址,等待
0.3.	09 04 03;	键未抬起就转移到 03 地址
0.6.	00 00;	开 0 号发光二极管
0.8.	02 01 00;	延时 0.1 秒

1.1.　　08 04 11；　　未按键就转移到 11 地址,等待
1.4.　　09 04 14；　　键未抬起就转移到 14 地址
1.7.　　01 00；　　　关 0 号发光二极管
1.9.　　02 01 00；　　延时 0.1 秒
2.2.　　10 00；　　　转移到 00 地址
2.4.　　15；　　　　　结束

用这种方法编写的程序非常可靠,能保证按一次键就开灯或关灯。

【尝试探索】

DP-801 型单片机上有 5 个按键,其中＋1 键、－1 键、D/A 键、WRI 键都能作为开关控制发光二极管亮灭。请写出各个按键对应的输入口号。

【展示、交流与评价】

评价项目 \ 等级	★★★★★	★★★★	★★★	★★
程序编写				
知识运用				
实验成果				

【拓展练习】

填空。

(1) 在 DP-801 的指令库中,_____ 指令和 _____ 指令都可以用于检测输入口的信号。

（2）按键可分为_____和_____两个动作。用_____指令检测_____动作，用_____指令检测_____动作。

（3）利用－1键制作电灯开关。按下开关，所有绿色的发光二极管亮2秒后自动关闭，再按下开关，_____亮2秒后自动关闭……，不断重复这一过程，并记录_____灯亮的次数。

【阅读材料】

选频声控开关是一种以特定哨音控制的声频遥控电路，用它可以遥控各种家用电器电源的开关。它与射频、红外线等遥控方式相比，具有电路简单、调试方便、功耗低、成本低、体积小和发射器无源等特点。由于采用高Q值的电感线圈，提高了电路的抗干扰能力。

整机电路如图10.8所示。电路由放大、选频、整形、记忆、触发、执行和电源等部分组成。发射器是一只皮囊哨，用手捏动时会发出大约12kHz的叫声。话筒MIC收到声信号后转换成电信号，由三极管VT1、VT2放大，并经由电感L_1和电容C_3组成12kHz的选频回路。当电路中出现12kHz频率的信号时，电路谐振，输出最大，使平时处于截止状态的三极管VT3迅速饱和，在其集电极电阻R_8两端产生一接近电源电压的高电平信号，触发记忆单元的IC。由于谐振回路中电感Q值较高，其通带较窄。因为家庭环境噪声大多在10kHZ以下，又由于普通驻极体话筒的频响上限为十几千赫兹,故选频电路谐振频率确定为 12kHz。

当 IC 被前级的高电平触发后,电路翻转,Q2 端输出电平亦发生变化,使晶体管 VT4 状态发生变化从而触发双向可控硅 VS 导通或关断,完成了对电器的开关控制。图 10.8 的 IC 采用一片 CMOS 双 D 触发器 CD4013。为保证触发可靠,将其中一个 D 触发器接成单稳态电路,当第 11 脚接收到上升沿高电平信号时,由于 VDl 接地,使 Q1 变为低电平,Q1 端输出变为高电平,并通过电阻 R_8 给电容 C_5 充电。当 C_5 上的电压充至 S1 端的转移电压时,使 Q1 端跳变回高电平,再去触发下一级 D 触发器构成的双稳态电路。单稳电路的时间常数 $T \approx 0.7 R_9 C_5$,按图中的数值,在 3 秒内只接受一个控制信号,可以有效地克服双稳电路由于触发原因引起翻转不稳定的缺点。

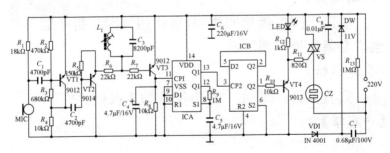

图 10.8　声频遥控电路

第 *11* 课 制作抢答器

抢答比赛很有趣也很激烈,但是我们常常觉得美中不足,因为不知道谁才是真正第一个举手的人。纯粹使用人眼来判断谁抢答成功,通常都会惹人怀疑,因此有了抢答器。抢答器可以很准确地判断出第一个抢答成功的人,既安全又公正。那么抢答器的制作从何着手呢?其实CPU就能帮助我们抢答。本节课我们就利用DP-801型单片机模拟制作简易的抢答器。

【挑战任务】

掌握"计时"指令的使用,会使用"计时"指令综合其他指令制作抢答器。

【实验器材】

实验器材:DP-801型单片机的主机板。

【一起学】

1. 指令

抢答器的功能就是判断谁是第一个按键的人,CPU会根据第一次接收到的按键信号快速做出反应,通过亮灯体现出来,其他稍后接收到的按键信号,CPU

不会做出任何反应。DP-801型单片机的主机板上有4个按键,即+1键、-1键、D/A键、WRI键可以作为抢答器的按键,让CPU不断检测按键是否被按下,当检测到某个键被按下时,就点亮相应的发光二极管,从而实现抢答器的功能。为了使制作的抢答器效果更加逼真,可以设定抢答的时间。在规定的时间内,如果有人按键则为抢答成功,如果无人按键则为抢答失败。完成此功能用到的指令如表11.1所示。

表11.1 指令格式

指令名称	机器码	
	操作码	操作数
计时	16	N(00~99),M(00~03)

"计时"指令与"延时"指令的格式相同,后面也有两个操作数,即数据和单位。此指令占用3个字节,数据的取值范围是00~99,表示时间的长短;单位的取值范围是00~03。

"计时"指令与"延时"指令本质的区别是:

当CPU执行到"计时"指令时,可以去做其他工作,在工作过程中随时检测时间到了没有。在CPU内部有个时间到标志,代码为15,可以用"断转"指令检测这个标志的状态判断时间到否,从而确定程序的走向。当时间未到时,08这个位信号为1;当时间到时,08这个位信号为0。

当CPU执行到"延时"指令时,会停止一切工作,延时的时间到了,才会继续工作。

2. 任务实验

实验11.1 让0号发光二极管亮5秒后关闭。

分析:

(1) 利用"计时"指令,设定0号发光二极管亮的时间。

(2) 利用"断转"指令检测"15"这个时间到标志,当时间未到时,转去执行灯亮的指令;当时间到时,顺序执行关灯指令。

程序流程图如图11.1所示,指令代码、存储地址分配如下:

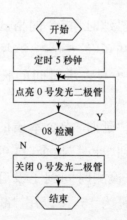

图11-1 实验11.1的程序流程图

地址	机器码	注释
0.0.	16 05 01；	定时 5 秒
0.3.	00 00；	点亮 0 号发光二极管
0.5.	08 15 03；	"08"如果不为 0 转 03 地址
0.8.	01 00；	关闭 0 号发光二极管
1.0.	15；	结束

实验 11.2 利用 DP-801 型单片机主机板上的＋1 键、－1 键和 D/A 键作为抢答器的按键，模拟制作三个人使用的抢答器。

分析：

(1) 将 11、12、13 作为输入口，与控制对应的按键是＋1 键、－1 键和 D/A 键。当按＋1 键时，0 号发光二极管亮；当按－1 键时，1 号发光二极管亮；当按 D/A 键时，2 号发光二极管亮。

(2) 利用"断转"指令来检测 11、12、13 输入口上是否有信号 1。

(3) 由于在运行程序时要用到 D/A 键，为了避免此键未抬起时 6 号发光二极管亮，因此要在程序运行后，延时 2 秒，再检测几个按键是否被按下。若不用 D/A 键作为抢答键，可不加此延时指令。

程序流程图如图 11.2 所示，指令代码、存储地址分配如下：

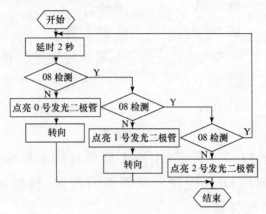

图 11-2　实验 11.2 的程序流程图

地址　　机器码　　　　　　　注释
0.0.　02 02 01；　　　延时 2 秒
0.3.　08 11 10；　　　11 号输入口为 1 转移到 10 地址
0.6.　00 00；　　　　向 00 号针送 0,0 号灯亮
0.8.　10 16；　　　　转移到 16 地址
1.0.　08 12 17；　　　12 号输入口为 1 转移到 17 地址
1.3.　00 01；　　　　向 01 号针送 0,1 号灯亮
1.5.　10 16；　　　　转移到 16 地址
1.7.　08 13 03；　　　13 号输入口为 1 转移到 03 地址
2.0.　00 02；　　　　向 02 号针送 0,2 号灯亮
2.2.　15；　　　　　结束

实验 11.3　利用 DP-801 型单片机主机板上的＋1 键、－1 键和 D/A 键作为抢答器的按键,模拟制作三个人使用的抢答器。用 WRI 键做开关,按此键发出"5"音,表示抢答开始,一轮抢答限时 5 秒,如超时发出"1"

音,表示这一轮抢答失败。

分析:

(1) 将 11、12、13、14 作为输入口,与控制对应的按键是＋1 键、－1 键、D/A 键和 WRI 键。当按＋1 键时,0 号发光二极管亮;当按－1 键时,1 号发光二极管亮;当按 D/A 键时,当 2 号发光二极管亮;当按 WRI 键时,奏"5"音。

(2) 利用"断转"指令来检测输入口 11、12、13 和 15 上是否有信号 1,有则转,没有则顺序执行。

程序流程图如图 11.3 所示,指令代码、存储地址分配如下:

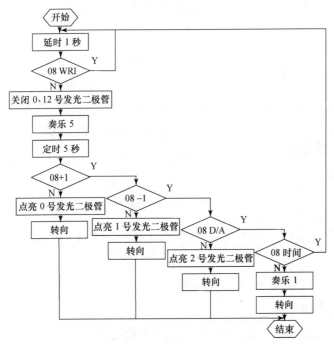

图 11-3　实验 11.3 的程序流程图

地址	机器码	注释
0.0.	02 01 01；	延时 1 秒
0.3.	08 14 03；	未按 WRI 键,等待
0.6.	01 00；	关 0 号发光二极管
0.8.	01 01；	关 1 号发光二极管
1.0.	01 02；	关 2 号发光二极管
1.2.	03 15 04 ；	奏中音 5,四分音符
1.5.	16 05 01 ；	定时 5 秒
1.8.	08 11 25 ；	11 号输入口为 1 转移到 25 地址
2.1.	00 00；	点亮 0 号发光二极管
2.3.	10 03；	转移到 03 地址
2.5.	08 12 32 ；	12 号输入口为 1 转移到 32 地址
2.8.	00 01；	点亮 1 号发光二极管
3.0.	10 03；	转移到 03 地址
3.2.	08 13 39 ；	13 号输入口为 1 转移到 39 地址
3.5.	00 02；	点亮 2 号发光二极管
3.7.	10 03；	转移到 03 地址
3.9.	08 15 18；	"15"为 1 转移到 18 地址
4.2.	03 11 04；	奏中音 1,四分音符
4.5.	10 03；	转移到 03 地址
4.7.	15；	结束

【尝试探索】

想一想：在 DP-801 型单片机主机板上最多可以制作几人使用的抢答器？

第11课 制作抢答器

【展示、交流与评价】

评价项目 \ 等级	★★★★★	★★★★	★★★	★★
程序编写				
知识运用				
实验成果				

【拓展练习】

1. 按 D/A 键，南北向的 3 个发光二极管循环点亮，按 WRI 键，东西向的 3 个发光二极管循环点亮，不按键时 2 号和 3 号发光二极管交替点亮。

2. 设计一个心跳测量仪，它的功能是测量 1 分钟内心跳的次数，并显示在数码管上。用＋1 键作心跳传感器，每按一次＋1 键表示心跳一次；－1 键作为启动开关，每按一次－1 键表示启动一次新的测量。

3. 制作一个计数器，用来计 1 分钟内跳绳的个数。让＋1 键作为启动开关，按＋1 键，发高音 1 表示计时开始；用 D/A 键累加跳绳的个数，每跳一次按一下 D/A 键，时间到发高音 2，跳绳结束，此时数码管上显示 1 分钟跳绳的总数。

4. 某一展览馆，为了限制参观人数，在出入口设立一个计数器。假定 0 号发光二极管表示入口处的门，1 号发光二极管为出口处的门，点亮为开门，熄灭为关门。

D/A 键为入口处的计数器，WRI 键为出口处的计数器，每按一次，表示通过一个人。用数码管显示在展览馆中的人数。

【阅读材料】

DP-801 型单片机运算速度快，它能在很短的时间内处理多个信息。我们利用它的插座便能制作出一台八路抢答器。抢答器有八路接口，可以随用随接，需要几路用几路，并且为比赛主持人准备了按钮和显示灯，以便确认是否有人抢答。运行程序，单片机快速检测各抢答台按钮和主持人按钮。主持人按下"开始"按钮后 0 号灯点亮。单片机继续检测各按钮。若有人按钮，则显示其号码，并调用子程序计时。在计时过程中，若答对问题，主持人可用"复位"键退出子程序继续下一题，到时间还没有回答完，单片机便会发出声音报告，然后自动继续运行。若无人按钮，主持人可用"复位"键熄灭 0 号灯进行下一题。

抢答器由按钮、接口板、单片机（DP-801）三部分组成，按钮和接口板之间用插头、插座连接。接口板和单片机之间用 26 线扁平线连接。接口板电路原理图如图 11.4 所示。

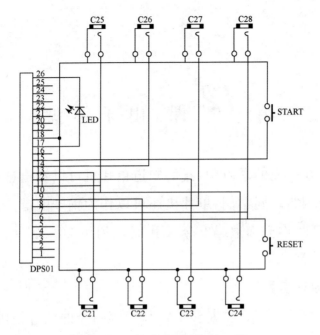

图 11.4 接口板电路原理图

第12课 电子琴盘

在前面的学习中,我们知道单片机可以奏出自己喜欢的乐曲。同学们,单片机还可以作为钢琴的键盘进行演奏呢,你们知道吗?今天我们就利用DP-801型单片机进行弹奏。

【挑战任务】

学会"奏乐"、"断转"、"通转"等指令的综合使用,会利用这些指令制作电子琴盘。

【实验器材】

实验器材:DP-801型单片机的主机板、插线。

【一起学】

1. 指令

(1)"断转"指令和"通转"指令,这两个都是检测开关量信号的指令。通过"断转"指令或"通转"指令来检测0~10输入口(0~10)触点,当检测1信号为0时,奏乐1,检测2信号为0时,奏乐2,以此类推,就可以定义简易的琴盘1、2、3、4、5、6、7这几个按键。

(2) 将插线一头连接在单片机地线上,用另外一头就可以进行弹奏了,如图12.1所示。

图 12.1　电子琴盘图

2. 任务实验

实验 12.1　弹奏 1̲1̲ 5̲5̲ 6̲6̲ 5 | 4̲4̲ 3̲3̲ 2̲2̲ 1 |。

分析:定义琴盘发音(中音1～7)。

程序流程图如图12.2所示,指令代码、存储地址分配如下:

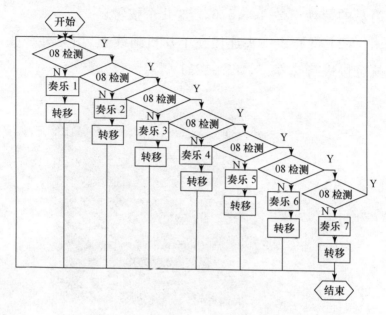

图 12.2 实验 12.1 的程序流程图

地址	机器码	注释
0.0.	08 01 10；	未按键就转到 10 地址
0.3.	03 11 01；	奏乐 1
0.6.	10 00；	转移到 00 地址
1.0.	08 02 20；	抬起了就转移到 20 地址
1.3.	03 12 01；	奏乐 2
1.6.	10 00；	转移到 00 地址
2.0.	08 03 30；	未按键就转到 30 地址
2.3.	03 13 01；	奏乐 3
2.6.	10 00；	转移到 00 地址
3.0.	08 04 40；	抬起了就转移到 40 地址

3.3.	03 14 01；	奏乐 4
3.6.	10 00；	转移到 00 地址
4.0.	08 05 50；	未按键就转到 50 地址
4.3.	03 15 01；	奏乐 5
4.6.	10 00；	转移到 00 地址
5.0.	08 06 60；	抬起了就转移到 60 地址
5.3.	03 16 01；	奏乐 6
5.6.	10 00；	转移到 00 地址
6.0.	08 07 00；	抬起了就转移到 00 地址
6.3.	03 17 01；	奏乐 7
6.6.	10 00；	转移到 00 地址
7.0.	15；	结束

【尝试探索】

1. 尝试用"通转"指令来完成实验 12.1，画出程序流程图并写出程序。

2. 想一想：DP-801 型单片机最多可以弹出几个不同的音？

【展示、交流与评价】

评价项目 \ 等级	★★★★★	★★★★	★★★	★★
程序编写				
知识运用				
实验成果				

【拓展练习】

1. 制作一个电子琴盘,可以弹出高音1和低音7。
2. 选择一首自己喜欢的谱子进行弹奏。

【阅读材料】

随着科学技术的发展和进步,各种高科技玩具应运而生,并且各种智能玩具层出不穷,这种演奏不但是一首乐曲的演奏,还可以是大自然的各种动物的叫声。试想一下,一只玩具狗不但会发出"汪汪"的声音,而且还会用妈妈的声音唱摇篮曲,孩童的声音交谈,那该是一件让人多么愉悦的事啊!用单片机实现乐曲演奏的功能,既简单轻便,又易于实现,并且成本比古典乐器低廉得多,更重要的是,基于单片机控制的乐曲演奏能够发出一般乐器难以实现的音效。我们利用单片机原理和控制理论设计乐曲演奏控制器的硬件电路,并利用C语言进行程序设计。通过控制单片机内部的定时器来产生不同频率的方波,驱动喇叭发出不同音调的音乐,再利用延迟来控制发音时间的长短。把乐谱转化成相应的定时常数就可以从发音设备中演奏出悦耳动听的音乐。此外,它还可以应用于多种领域,比如可以应用于门铃、闹铃等各种系统。总之,乐曲演奏器有广泛的用途,而且有很强的生命力。

第 13 课 神奇密码锁

在日常生活中人们经常使用到密码,如银行存折可以加上密码,手机可以设置密码,行李箱可以设置密码,甚至连我们的文具盒、笔记本都可以加密码。的确,密码能起到相当有效的保护作用。本节课我们就利用 DP-801 型单片机来模拟制作密码锁。

【挑战任务】

学会综合使用"断转"、"通转"指令制作密码锁。

【实验器材】

实验器材:DP-801 型单片机的主机板。

【一起学】

1. 指令

同学们都知道,数字密码锁的保密性很强,任何一位数字的排列顺序不对或位数不对,都无法开锁。如果用二进制数"0"和"1"作为设置密码的数字,用 0 和 1 的不同排列组合作为密码,如 0101 或 11011 等,这个密码锁的保密性就很强了。假设在密码锁上安装两个按键,

一个为0号键,另一个为1号键。分别按动两个键就可以组成不同的二进制数。

我们用DP-801型单片机主机板上的按键作为密码锁的按键,发光二极管作为密码是否正确的指示灯,用"零转"或"壹转"指令来检验输入的密码是否正确,正确亮绿灯,错误亮红灯。

2. 任务实验

实验13.1 用一位的二进制数0或1作为密码锁的密码,设0为开锁码,密码正确亮绿灯,密码错误亮红灯。

分析:

(1) 一位的二进制数只有0和1两种情况,利用DP-801型单片机主机板上的两个键作为密码锁的按键,如+1键表示号码"0",-1键表示号码"1"。题目中设定0为开锁码,当按+1键表示输入密码正确,亮绿灯(2号发光二极管),当按-1键表示输入密码错误,亮红灯(0号发光二极管)。

(2) 利用"零转"指令检测11、12输入口上的信号,根据信号做出相应的动作。按下键为0(Y),未按键为1(N)。

程序流程图如图13.1所示,指令代码、存储地址分配如下:

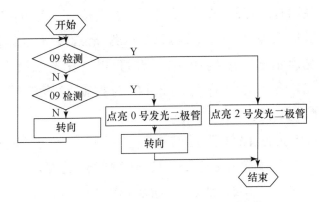

图 13.1　实验 13.1 的程序流程图

地址	机器码	注释
0.0.	09 11 12;	检测 11 输入口为 0 转移到 12 地址
0.3.	09 12 08;	检测 12 输入口输出口为 0 转移到 08 地址
0.6.	10 00;	转移到 00 地址
0.8.	00 00;	向 00 输出口送 0
1.0.	10 14;	转移到 14 地址
1.2.	00 02;	向 02 输出口送 0
1.4.	15;	结束

实验 13.2　用两位的二进制数作为密码锁的密码,设 10 为开锁码,密码正确亮绿灯,密码错误亮红灯。

分析:

(1) 两位的二进制数有四种排列方式,即 00、01、10、11,利用 DP-801 型单片机主机板上的两个键作为密码锁的按键,如＋1 键表示号码"0",－1 键表示号码

"1"。题目中设定 10 为开锁码,则先按－1 键再按＋1 键表示输入密码 10,亮绿灯(2 号发光二极管),其他三种情况表示输入密码错误,亮红灯(0 号发光二极管)。

(2) 将 11、12 作为输入口,与控制对应的按键是＋1 键、－1 键。

(3) 为了保证按键的可靠性,利用"零转"指令和"壹转"指令配合检测完成一次按键的全过程。

程序流程图如图 13.2 所示,指令代码、存储地址分配如下:

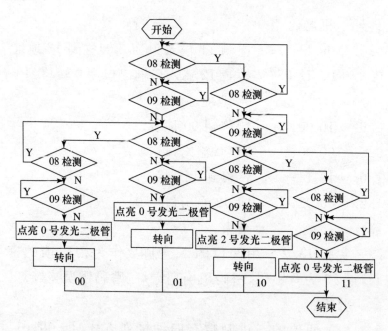

图 13.2 实验 13.2 的程序流程图

第13课 神奇密码锁

从流程图中我们可以看出,这是一个多分支结构的程序。每列是一个分支,表示一种解码的情况。根据程序流程图可以写出四段程序。将四段程序排成一列的原则是:有开始框的一列排在最前边,有结束指令的一列排在最后,其他分支按从左到右的顺序排列,然后统一分配地址。

0.0.～1.4. 表示输入密码01,亮红灯。

2.0.～2.8. 表示输入密码00,亮红灯。

4.0.～5.4. 表示输入密码10,亮绿灯。

6.0.～6.8. 表示输入密码11,亮红灯。

第一次按了0键,抬起手之后,CPU执行指令的位置就到了1.0.和0.6.处。在这里检查第二次按下哪个键。如果第二次按下还是0键,抬起手之后,CPU就转移到1.2.去执行。这两次都按了0键,表示输入的编码是00,结果红灯亮;如果第二次按的是1键,CPU就顺序执行1.2.,此时两次按键的编码是01,结果红灯亮。其他两列的道理相同,指令代码、存储地址分配如下:

地址	机器码	注释
0.0.	08 11 40 ;	未按+1键就转移到40地址执行
0.3.	09 11 03 ;	按+1键就转移到03地址
0.6.	08 12 20 ;	12号输入口为1转移到20地址
0.9.	09 12 09 ;	12号输入口为0转移到09地址
1.2.	00 00 ;	点亮0号发光二极管

1.4.	10 68；	转移到 68 地址
2.0.	08 11 06；	11 号输入口为 1 转移到 06 地址
2.3.	09 11 23；	11 号输入口为 1 转移到 13 地址
2.6.	00 00；	点亮 0 号发光二极管
2.8.	10 68；	转移到 68 地址
4.0.	08 12 00；	12 号输入口为 1 转移到 00 地址
4.3.	09 12 43；	12 号输入口为 0 转移到 43 地址
4.6.	08 11 60；	11 号输入口为 1 转移到 60 地址
4.9.	09 11 49；	11 号输入口为 0 转移到 49 地址
5.2.	00 02；	点亮 2 号发光二极管
5.4.	10 68；	转移到 68 地址
6.0.	08 12 46；	12 号输入口为 1 转移到 46 地址
6.3.	09 12 63；	12 号输入口为 0 转移到 63 地址
6.6.	00 00；	点亮 0 号发光二极管
6.8.	15；	结束

运行程序后,就相当于密码锁已经被锁上了。实验用密码开锁有四种方式：

(1) 先按＋1 键,再按＋1 键,输入的密码为 00,亮红灯,密码错误。

(2) 先按＋1 键,再按－1 键,输入的密码为 01,亮红灯,密码错误。

(3) 先按-1键,再按+1键,输入的密码为10,亮绿灯,密码正确。

(4) 先按-1键,再按-1键,输入的密码为11,亮红灯,密码错误。

每次都要先按复位键,重新运行,才可以再用新的密码试验开锁。

【尝试探索】

1. 实验13.1中,只用了"零转"指令,就实现了任务,如果把"零转"指令改为"壹转"指令能实现吗?程序该怎样改写?

2. 想一想:用三位二进制数作密码,有几种解码方式?如果画程序流程图将有几个分支结构?如果用010作为密码,怎样编写程序才能实现?

3. 为了使设置的密码锁更加逼真,要限时在10秒内破解密码,超时则不允许再解码,且报警器发出警报声,连续奏高音2和高音5。请你试着在实验13.2的基础上修改流程图和程序。

【展示、交流与评价】

评价项目 \ 等级	★★★★★	★★★★	★★★	★★
程序编写				
知识运用				
实验成果				

【拓展练习】

1. 用两位的二进制数作为密码锁的密码,设 10 为开锁码,密码正确亮绿灯,密码错误亮红灯,同时发出声音报警。

2. 将 D/A 键作为"0"号键,将 WRI 键作为"1"号键,设 01 为开锁码,密码正确所有的绿色发光二极管亮,密码错误所有的红色发光二极管亮。

3. 第一次按＋1 键点亮 0 号发光二极管,第二次按＋1 键点亮 1 号发光二极管,第三次按＋1 键点亮 2 号发光二极管……直到 8 个发光二极管全部点亮,再按－1 键逆序关闭。同时数码管上显示发光二极管的代码。

4. 按＋1 键,跑灯从 0 跑到 5,并依次发音１２３４５,循环;按－1 键则从 5 跑到 0,并依次发音５４３２１,循环。

【阅读材料】

随着信息化时代的到来,人们对家居、文件资料及个人隐私的安全要求不断提高,传统的机械锁无法满足人们的要求,安全可靠、廉价的电子锁的出现具有重大的意义。利用单片机我们可以制作一个结构简单、成本低、安全性高、易于主人随时更新密码的电子锁。这个电子锁利用密码输入键盘、外围时钟、复位电路、电磁阀等实现电子锁的锁闭和打开。

密码锁是锁的一种,开启时用的是一系列的数字或符号。密码锁的密码通常都只是排列而非真正的组合。

部分密码锁只使用一个转盘,把锁内的数个碟片或凸轮转动;亦有些密码锁是转动一组数个刻有数字的拨轮圈,直接带动锁内部的机械。多拨式密码锁是最简单的密码锁,常见于低安全设定的单车锁,使用多个拨圈,每个圈的中间有凹位,锁的中心的一条轴上有数个凸出的齿,用来卡住拨圈。转盘式密码锁用在挂锁或匣万上可以是只有一个转盘。转盘推动背后数个平衡碟片或凸轮。习惯上,开启这种锁时先把转盘顺时针转到第一个数字,然后逆时针转到第二个数字,如此直至最后一个数字。凸轮上通常有凹位,当转入正确的密码后,各位成一直线,锁便可以打开。还有一些其他形式的密码锁,如有些门锁上有一个数字键盘,开启时按序键入一个数字系列。这种锁使用电子控制,常见于办工室内。优点是只要告诉员工密码即可,无须复制钥匙。

第 14 课 我的电风扇

炎热的夏天,电风扇是许多家庭常用的降温设备。本节课就让我们利用 DP-801 型单片机来模拟制作电风扇。

【挑战任务】

学会使用继电器扩展板,通过继电器扩展板来控制小风扇。

【实验器材】

实验器材:DP-801 型单片机的主机板、继电器扩展板、杜邦线。

【一起学】

1. 硬件连接

(1)马达驱动板如图 14.1 所示。

图 14.1 马达驱动板

DP-801 型单片机 AT89C2051 的输出功率比较低，输入输出接口只能承受 5V 电压，20mA 电流。而驱动电机需要电压 6V，电流 300mA，才能使电机运转起来。从电压上看没有问题，而从电流上看就不行了，因为 300mA 远远大于 20mA。为了能用小电流控制大电流的器件，我们使用了马达驱动板模块，通过马达驱动板模块，就可以将电流扩大，达到控制马达的目的。图 14.2 为马达驱动板接口说明图。

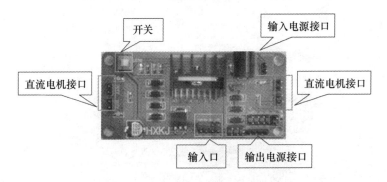

图 14.2　马达驱动板接口说明图

（2）直流减速电机如图 14.3 所示。

图 14.3　直流减速电机

2. 任务实验

实验 14.1 利用马达驱动板驱动电机,让风扇转 5 秒后,停 2 秒,再反转 5 秒停止。

分析:

(1)设用 DP-801 型单片机主机板"WJZ"针座上的输出口 0 和输出口 1 作为输入口,马达驱动板驱动电机,连接的方法如图 14.4 所示。

图 14.4　输出口与驱动板连接示意图

(2)利用"接通"指令向 0 输出口送 0,电机就正转;向 1 输出口送 0,电机就反转。

程序流程图如图 14.5 所示,指令代码、存储地址分配如下:

第14课 我的电风扇

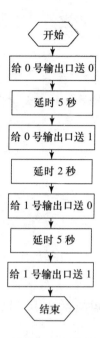

图 14.5　实验 14.1 的程序流程图

地址	机器码	注释
0.0.	00 00;	电机正转
0.2.	02 05 01;	延时 5 秒
0.5.	01 00;	停止电机
0.7.	02 02 01;	延时 2 秒
1.0.	00 01;	电机反转
1.2.	02 05 01;	延时 5 秒
1.5.	01 00;	停止电机
1.7.	15;	结束

【尝试探索】

将电机的两根线插在 DP-801 型单片机的"WJZ"

针座的电源正负极上,观察有什么反应。

【展示、交流与评价】

评价项目 等级	★★★★★	★★★★	★★★	★★
程序编写				
知识运用				
实验成果				

【拓展练习】

1. 制作一个电风扇,正转 20 秒后,停止 1.4 秒,然后反转 10 秒,停止 1.4 秒,无限循环。

2. 制作一个可调速的电风扇,按 －1 键慢速转,按 ＋1 键快速转。

3. 利用 ＋1 键制作电风扇的开关,按下开关,电风扇转起来,再按下开关,电风扇停止转动。

【阅读材料】

1. 伺服电动机

伺服电动机广泛应用于各种控制系统中,能将输入的电压信号转换为电机轴上的机械输出量,拖动被控制元件,从而达到控制目的。伺服电动机有直流和交流之分,最早的伺服电动机是一般的直流电动机。在控制精度不高的情况下,才采用一般的直流电机做伺服电动机。目前的直流伺服电动机从结构上讲就是小功率的直流电动机,其励磁多采用电枢控制和磁场控制,但通常采用电枢控制。

2. 步进电动机

步进电动机主要应用在数控机床制造领域。由于步进电动机不需要 A/D 转换,能够直接将数字脉冲信号转化成为角位移,所以一直被认为是最理想的数控机床执行元件。除了在数控机床上的应用,步进电机也可以用在其他的机械上,比如作为自动送料机中的马达,作为通用的软盘驱动器的马达,也可以应用在打印机和绘图仪中。

3. 力矩电动机

力矩电动机具有低转速和大力矩的特点。一般在纺织工业中经常使用交流力矩电动机,其工作原理和结构与单相异步电动机相同。

4. 开关磁阻电动机

开关磁阻电动机是一种新型调速电动机,结构极其简单且坚固,成本低,调速性能优异,是传统控制电动机强有力的竞争者,具有强大的市场潜力。

5. 无刷直流电动机

无刷直流电动机的机械特性和调节特性的线性度

好,调速范围广,寿命长,维护方便,噪声小,不存在因电刷而引起的一系列问题,所以这种电动机在控制系统中有很大的应用。

6. 直流电动机

直流电动机具有调速性能好,启动容易,能够载重启动等优点,所以目前直流电动机的应用仍然很广泛,尤其在可控硅直流电源出现以后。

7. 异步电动机

异步电动机具有结构简单,制造、使用和维护方便,运行可靠以及质量较小,成本较低等优点。异步电动机主要广泛应用于驱动机床、水泵、鼓风机、压缩机、起重卷扬设备、矿山机械、轻工机械、农副产品加工机械等大多数工农生产机械以及家用电器和医疗器械等。在家用电器中应用比较多,例如电风扇、冰箱、空调、吸尘器等。

8. 同步电动机

同步电动机主要用于大型机械,如鼓风机、水泵、球磨机、压缩机、轧钢机,以及小型、微型仪器设备,或者充当控制元件。其中三相同步电动机是其主体。此外,还可以当做调相机使用,向电网输送电感性或者电容性无功功率。

第 15 课　三色彩灯

同学们,一个灯可以有很多种不同的颜色你们知道吗?怎样才能控制这个灯的颜色呢?今天我们就用DP-801型单片机控制灯的颜色。

【挑战任务】

学会使用"运行方式"指令来清除用户程序,综合运用 DP-801 型单片机的各个指令,控制三色彩灯的颜色及各种效果。

【实验器材】

实验器材:DP-801 型单片机、三色彩灯板、插线、杜邦线。

【一起学】

1. 指令

"运行方式"指令是一种用来指挥 DP-801 型单片机如何运行程序的指令,因此它类似于用来指挥汇编程序如何进行汇编的指令一样,是一条伪指令。指令格式如表 15.1 所示。

操作数 N=00 为连续运行方式,系统复位后就是这种方式。在连续运行方式下,一旦进入运行状态,

DP-801型单片机即被用户编写的程序控制。用户只有通过复位才能使系统回到编辑状态。

在连续运行状态下,由于系统一条指令接着一条指令运行程序,如果程序有错误用户很难找到错在哪一条指令上。

操作数N＝02为清除程序存储器状态,指令执行后存放用户程序的24C01中的程序存储器全部清除。所谓全部清除就是把24C01中所有单元改为结束指令(15)。要注意的是程序存储器被清除后,用户编写的程序全部消失,且无法恢复。

表15.1　指令格式

指令名称	机器码	
	指令代码	操作数
运行方式	14	N(00～02)

例如:清除用户程序(15)。

　　　地址　　　　机器码
　　　0.0.　　　　14 02 15

例如:清除用户程序(00)。

　　　地址　　　　机器码
　　　0.0.　　　　14 02 00

2. 硬件结构

(1) 三色彩灯板硬件结构如图15.1所示。

第15课 三色彩灯

图 15.1 三色彩灯板

(2) 杜邦线和插线分别如图 15.2 和图 15.3 所示。

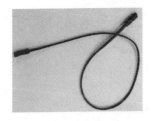

图 15.2 杜邦线

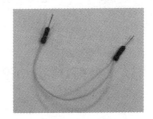

图 15.3 插线

(3) DP-801 型单片机和三色彩灯板连接如图 15.4 所示。

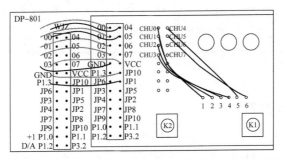

图 15.4 DP-801 型单片机和三色彩灯板的连接图

3. 任务实验

实验 15.1 根据 DP-801 型单片机和三色彩灯连接图,分别向 0、1、2、3、4、5 号输出口送 0,并延时 5 秒关闭,观察三色彩灯的颜色变化。

指令代码、存储地址如下:

地址	机器码	注释
0.0.	00 00;	给 0 号输出口送 "0"
0.2.	02 05 01;	延时 5 秒
0.5.	01 00;	给 0 号输出口送 "1"
0.7.	15;	结束

以此类推,得出结论如表 15.2 所示。

表 15.2 三色彩灯的颜色变化

三色彩灯 \ 输出口 \ 颜色	①		②		③	
	0	1	2	3	4	5
白	0	0	0	0	0	0
黄	1	1	1	1	1	1
绿	0	1	0	1	0	1
红	1	0	1	0	1	0

*1—关,0—开。

【尝试探索】

同时将 3 个三色彩灯亮白色,然后将三色彩灯板 CHU0~CHU5 的插线拔掉,观察三色彩灯有什么变化。想一想这说明了什么。

【展示、交流与评价】

评价项目	等级	★★★★★	★★★★	★★★	★★
程序编写					
知识运用					
实验成果					

【拓展练习】

1. 让 3 个彩灯同时亮红色,无限循环。

2. 让 3 个彩灯同时做红、黄、绿变化,循环 3 次。(12 指令)

3. 让 1、2 号彩灯做交替闪烁,循环 10 次。(11 指令)

4. 先让 2、3 号彩灯关闭,1 号彩灯按红黄绿顺序循环变色 5 次,关闭,数码管计数;再让 1、3 号彩灯关闭,2 号彩灯按绿黄红顺序循环变色 5 次,关闭,数码管计数;然后让 1、2 号彩灯关闭,3 号彩灯按黄红绿顺序循环变色 5 次,关闭,数码管计数;最后让 1、2、3 号彩灯关闭。

【阅读材料】

三色彩灯是新发展起来的 LED 背光灯,由于其新颖的使用功能,越来越得到广泛的使用。三色彩灯的使用,根据用户的不同要求,可以在七种显示颜色中进行交换:白、红(浅橙色)、绿色、蓝、黄(红＋绿)、青(绿＋

蓝)、紫色或称品红(蓝+红)。还可以按各种颜色的不同比例配合成各种各样的中间色。LED灯的使用功率很大程度取决于LED的散热条件。三种不同颜色的管芯集中放在一粒灯(110型)内,其散热条件很差,这就限制了三色彩灯的功率的发挥,因此,所有三色彩灯的规格书均附加有功率限制的条款,即使用的极限功率:一种颜色的灯使用时为100%,二种颜色的灯同时使用时为50%,三种颜色的灯同时使用时为30%。因此三种颜色的灯同时点亮(同时使用时)的总电流控制在20~30mA比较合理。

第 16 课　数码管显示

数码管是我们经常看到的输出设备,在很多智能控制设备中起到重要显示作用,如洗衣机上的时间显示、人行横道上计时器等等,今天我们就来学习用 DP-801 型单片机控制数码管显示的数字。

【挑战任务】

综合运用 DP-801 型单片机的各个指令,控制数码管实验板显示的内容。

【实验器材】

实验器材:DP-801 型单片机、数码管实验板、插线、杜邦线。

【一起学】

1. 硬件结构

数码管实验板如图 16.1 所示。

图 16.1　数码管实验板

数码管实验板插线连接如图 16.2 所示。

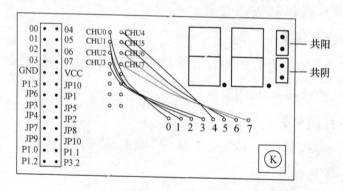

图 16.2　数码管实验板

共阳：控制高位数码管，0——开，1——关；共阴：控制低位数码管，1——开，0——关。

实验前，用短路环将数码管板上的共阳极两根针连接好，观察数码管的状态，再用短路环将共阴极连接好，观察数码管的状态。

2. 任务实验

实验 16.1 根据 DP-801 型单片机和数码管实验板连接图,先将短路环共阳极的两根针连接好,分别向 0、1、2、3、4、5、6、7 号输出口送 0,并延时 5 秒关闭,观察数码管实验板的变化,再将短路环共阴极两根针连接好,分别向 8 个输出口送 0,观察数码管实验板的变化。

指令程序如下:

地址	机器码	注释
0.0.	00 00;	给 0 号输出口送"0"
0.2.	02 05 01;	延时 5 秒
0.5.	01 00;	给 0 号输出口送"1"
0.7.	15;	结束

以此类推,得出结论,可以看出数码管的每个笔画与 8 个输出口的关系如图 16.3 所示。(共阳极控制的是高位数码管,共阴极控制的是低位数码管。)

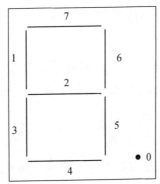

图 16.3 数码管与笔画图

【尝试探索】

将数码管实验板上的 8 根插针拔下,将 1 根插针的一头插入 CHU0 孔,另一头试着插入数码管下面的 0～7 孔,观察数码管的状态;再将一头插入 CHU0 孔,另一头试着插入数码管下面的 0～7 孔,观察数码管的状态;以此类推。

【展示、交流与评价】

评价项目 \ 等级	★★★★★	★★★★	★★★	★★
程序编写				
知识运用				
实验成果				

【拓展练习】

1. 让低位(共阴)数码管循环显示 0.123456789,时间间隔 0.5 秒。

2. 让高位(共阳)数码管循环显示 AbCdEFH3L8909,时间间隔 0.5 秒。

3. 让数码管按如下要求显示:

123,循环 3 次,计数;

AbC,循环 4 次,计数;

P25,循环 5 次,计数;

循环结束后关闭数码管,共阳,延时 0.4 秒。

第16课 数码管显示

【阅读材料】

LED数码管以发光二极管作为发光单元,颜色有单红、黄、蓝、绿、白,七彩效果。LED数码管可均匀排布形成大面积显示区域,可显示图案及文字,并可播放不同格式的视频文件。通过电脑下载Flash、动画、文字等文件,或使用动画设计软件设计个性化动画,播放各种动感变色的图文效果。

LED数码管可放在PCB电路板上按红绿蓝顺序呈直线排列,以专用驱动芯片控制,构成变化无穷的色彩和图形。外壳采用阻燃PC塑料制作,强度高、抗冲击、抗老化、防紫外线、防尘、防潮。LED数码管具有功耗小、无热量、耐冲击、长寿命等优点,配合控制器即可实现流水、渐变、跳变、追逐等效果。如果应用于大面积工程中,连接电脑同步控制器,还可显示图案、动画视频。数码全彩灯管可以组成一个模拟LED显示屏,模拟显示屏可以提供各种全彩效果及动态显示图像字符,可以采用脱机控制或者与计算机连接实现同步控制。